愛，不是學到就是得到

愛對了，幸福就會不請自來

張雨呈◎著

原書名：別說妳總是跟愛情擦身而過

【序言】

愛或不愛，都會讓我們成長

愛情有許多種開始，但只有兩個結局：不愛了，依舊愛。

愛，讓妳得到了很多；不愛了，妳可以得到什麼呢？

我常覺得失戀不見得就只能哭天喊地或是整日憂愁，反倒應該好好回顧在這段戀情裡學到了什麼。也許有些人會認為自己一點錯也沒有，只是在錯的時間遇上錯的人，就算把自己改得再好，一切也只會變成一種屈就。愛情如果只是種委屈，那到最後就成為勉強了。不過，即便這樣，妳也可以藉由失敗的戀情給自己買個教訓，下次戀愛時就不要挑這樣的人，在知道不適合的時候早點抽身，這樣也是件好事。

其實，在愛情的課堂上，我們都是初學者。

愛一次，進化一次，每一段愛情都會讓人成長。

當妳修滿了愛情的「學分」，妳就會發現：

曾幾何時，在一段短暫的時光裡，我們以為自己深深愛著一個人。後來，我們才知道，那不是愛，只是對自己說謊，只是一種佔有的欲望；我們以為愛的很深很深，可是在歲月的消磨下，妳會知道它不過很淺很淺；我們希望對方愛自己很多，而自己竟愛的很少，原來我們都一樣懶惰，誰也不要埋怨誰；所有感情的結局，無非是堅持走下去，或者決然分手，當妳選擇了一條路時，所要做的就是堅持走下

去；失愛的人，最該做的，是勇敢放棄這段感情，承認自己的失敗，不再存留任何幻想；愛一個人，我們是真的盡力了，同樣，忘記他，我們也需要盡心盡力，以一顆從容的心面對過去。

經歷這樣一輪愛與離別，每個人都顯出更多成熟與體諒。我們在愛情中變得細膩敏感，得以體會到數倍於平常的豐富感受。那些在交會時互相綻放出的光亮，那些在離別時無聲無息的悲傷，都教人一步步走向獨立成熟，並試圖相信生活尚有可為。

愛，是可以讓我們成長的。

什麼是成長？痛苦過，掙扎過，失望過，絕望過，這一切過去之後，再若無其事地繼續生活，這時候妳長大了。面對一份感情，妳雖然不是無動於衷，但也不再心潮澎湃，妳會去用經濟學中定義的「理性人」的眼光去審視它。因為妳知道，愛過，痛過，得到過，失去過，迷路過，選擇過，才能明白自己真正需要什麼。

很多東西都有標明的保存期限，就像許多酒一樣，之所以名貴是因為它的儲存期很長久。那麼，誰能準確地說出愛情的保存期限是多久？這世間到底有沒有天長地久？

面對這個問題，相信誰都說不出來。

我們只能保證，愛情，原來不只是得到，更多時候，還需要學到。

只有學會了愛，才能得到愛。這個道理其實就和演戲一樣，只有演得讓自己感動，才能感動別人。朱自清說：「我們不能白白地來到這個世界上走一遭。」當華美的葉子落盡時，生命的枝幹才清晰可見。當命運推著我們轉，教給我們一些東西，拋給我們一些東西時，我們要勇敢地接住。

比如愛情，這個讓我們成長的東西。

寫在前面的話：示愛從這裡開始

在您翻開這本書，試圖從那些經驗中找到屬於自己的求愛攻略時，不妨從你瞭解對方多少開始：

1、他（她）最喜歡的顏色
2、他（她）最幸運的數字
3、他（她）最喜歡的花
4、最喜歡的香水
5、最喜歡的作者
6、最喜歡的書
7、最喜歡的故事
8、最喜歡的成語／詩劇／語言
9、最喜歡的歌
10、最喜歡的樂手／音樂／樂隊
11、最喜歡的材質
12、最喜歡的食物
13、最喜歡的巧克力品牌
14、最喜歡的餐館（便宜的）
15、最喜歡的餐館（很貴的）
16、最喜歡的電視節目（從前和現在）
17、最喜歡的演員
18、最喜歡的電影
19、最喜歡的漫畫
20、最喜歡的藝術家或者藝術風格
21、最喜歡的體育活動（看）
22、最喜歡的體育活動（參加）
23、最喜歡的體育團體
24、最喜歡的職業

25、最喜歡的季節

26、最喜歡的時辰

27、最喜歡的愛好

28、最喜歡的珠寶

29、最喜歡的服裝風格

30、最喜歡的旅行景點

31、最喜歡做的事

如果在以上的三十一個最喜歡中，至少有二十個你能夠清楚找出答案，那麼相信你已經對對方有足夠程度的瞭解。我們所說的求愛攻略，都是建立在對方瞭解的基礎上，倘若你完全不瞭解情況就冒冒失失向對方表達情意，相信成功的可能性要小得多。正所謂不打無準備之戰，成功的示愛所追求的效果是讓對方欣然接受你的追求，藉助這些「最喜歡」的問題，檢測一下你對對方的瞭解程度。如果你可以回答到二十個以上，那麼恭喜你，可以展開進一步的示愛行動了，如果在回答上述問題時，你依然有所疑慮，我們的建議是，再瞭解他（她）多一些吧！在此基礎上向對方表達你對他的好感。相信你離成功必將不遠矣！

CATALOGUE

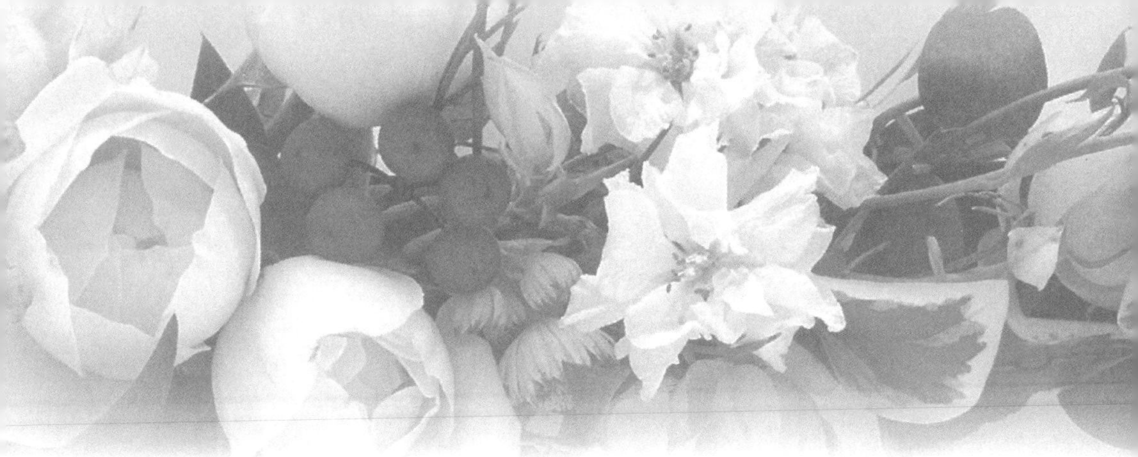

第三章　求愛細節主義

第二部分
我愛你是永遠的事情

第四章　愛情保鮮期

第二部分

我愛你是永遠的事情

第三部分
離開與愛無關

第七章　等待的學問

第八章　原來你還在那裡

第一部分
人生若只初遇見

滴答滴答，分針數過一圈的簡短時間，你會遇見多少人，會被多少人遇見？

有一個六度空間理論，據說每個人之間，只隔了六個人的距離。然而，芸芸眾生之中遇見你、愛上你、唯有你，實可謂一個奇蹟。閉上眼睛，在心裡問自己，真的是要安靜走開，徒留遺憾滿腹嗎？從青梅到荳蔻，從花季到雨季，由青澀而成熟，總有一個時刻為一個特別的人隱於紅牆綠瓦深處踽踽徘徊。其實，有許多的方法給予我們幫助，最終讓你知道我對你的愛意。

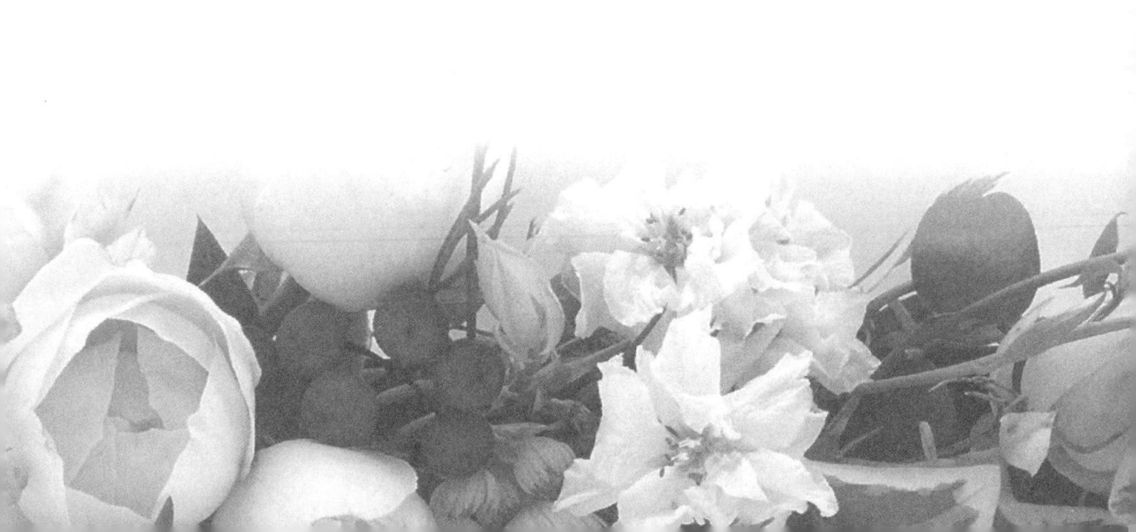

第一章 追求不拐彎

當下流行的偶像劇的開場白很喜歡用直接的追求方式，曾經大紅的「惡作劇之吻」裡，琴子一出場便是花癡的看著入江，告訴他她對他的喜歡。

是的，我愛你。

大膽示愛大約是每個人在試圖追求另一半時最先想到的方式，各種直接表達的方法幫助你順利的贏回她（他）的心。

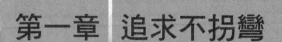

偶然的情書

求愛箴言

我就覺得你是女人，其他女人，只是人。

Sam和Lisa是朋友圈中公認的一對佳偶，郎才女貌，天作之合，可是他們自己心裡清楚，明確的戀愛關係一直沒有建立起來。週末或假日，在那些小情人甜蜜約會的日子裡，Sam也經常被Lisa拖去逛街、看電影，甚至偶然還被借用來擊退別的追求者。事實上，不用Lisa多言，她把Sam帶出來人家便全明白了：這兩人有情人間眼神互相追逐的曖昧。只有Lisa自己不明白。

日子不慍不火熬了許久，終於有一天，Sam覺得，該是告訴Lisa的時候了。可是兩個人如哥們兒一般的友誼已經維持了這麼長的時間，如何才能讓Lisa瞭解，這其實是一份處心積慮的男女之情。

Sam思來想去，終於想到了一個有用的計策，於是他迅速做好準備，如今地利、人和就只缺天時了，Sam看著自己精心準備好的一切暗暗等待著時機的到來。

週末，Lisa打電話來說：「Sam，我這個週末很閒，要不要一起找點活動？」Sam爽快答應，並主動提議讓Lisa來找他，他的理由也很充分：「反正每個週末妳的節目不是逛街就是看電影，為了有益於身心健康，這次我們自己動手烹煮吧。」身為饕餮的Lisa欣然赴約，認識Sam這麼久，早就聽說Sam的廚藝很棒，卻沒有親自試吃，這下可好，既然對方主動邀約了，機不可失，失不再來啊！

Lisa趕到Sam家，兩人一塊去超市買好了食材，Sam拎著大包小包直接殺進廚房，讓Lisa在家中隨便坐隨便看，不必拘謹。

「得了，」Lisa打斷他，「你別跟我媽似的嘮叨，不過你可真不用我幫忙？」

「不用。」Sam笑笑，滿腦子卻想著自己的小計謀，「小的一定把一切都打點好，女王陛下就等著試吃好了。」

Sam閃身進了廚房，Lisa在客廳的沙發上坐著看電視，拿著遙控器轉台轉了一圈，滿眼都是廣告。真是無聊啊，她暗暗的在心裡哼一聲，不由被桌上的筆記本吸引住心神。

會是什麼東西？封面是梵谷的名畫向日葵，應該不是工作用的吧！Lisa的好奇心逐漸被勾了起來，偷偷地看了一眼在廚房忙碌的Sam，他正和食材奮戰，百無聊賴的Lisa順手翻開了這個有著美麗封面的筆記本，她心裡的預設是，這有可能是Sam拿來塗塗畫畫的，那就隨便翻翻吧！

Sam龍飛鳳舞的字跡印在紙頁上，他的字向來都寫得很漂亮，Lisa也常常開玩笑說Sam可以去開班授徒，欣賞著這些美麗的字跡，Lisa開始認真地看下去。

「7月2日，晴。Lisa打電話約我去逛街，欣然前往，她穿了湖藍色的連衣長裙，就那樣站在街邊等我，漂亮得讓人無法逼視……」

「8月13日，陰。Lisa最近感冒發燒，天天跑醫院打點滴，卻依然有力氣笑著跟我插科打諢。她笑起來很特別，右邊的嘴角比左邊翹得稍微高一點兒，笑容亮烈鮮豔，能從我眼底閃進心裡……」Lisa忍不住掏出小鏡子翹起嘴角笑起來看，然後放下鏡子，嘸嘸嘴：這麼細微的地方他都觀察得到。

「10月30日，小雨。今天收到Helen的告白卡片，詞句華美動人，只是打動不了我的心，我笑著將卡片歸還，Helen表情不自然地低下頭，她問我，『那個Lisa到底哪裡好？』我想了想，想不出來，只好回答，『我覺得她是女人。』Helen瞪大了眼睛，『難道我不是？算了算了。』她拿著卡片，很乾脆走掉……」

許多細枝末節的片段在Lisa腦海裡暈開，然後打著旋兒攪成甜蜜的奶泡，彷彿還有蘭姆酒的香氣，Sam的形象變得性感又迷人。

忽然間抬起頭便看見不知什麼時

候從廚房跑出來站在她面前深情凝視的Sam，他坐到她的身邊，握住那雙他一直都想握住的手，Lisa把頭輕輕地靠在Sam身上，甜甜地抗議，「我本來就是女人。」

「是的，我知道。可是在我心裡，其他女人，只是人。」

常常會在生活中看見這樣的例子，兩個在別人看來是天生一對的人，雖然平時也顯得形影不離，情投意合，但就是因為兩個人，誰都沒有勇氣先開口說出「我愛你」而最終好事難成，一如上面故事中的Sam和Lisa。偶然的情書不失為在此種情況下打破僵局的一個好辦法，既避免了面對面表白的尷尬，又能給雙方留下迴轉的餘地。倘若對方與你一樣抱有相同的心意，在偶然情書的幫助下，必然會有所回報。如果對方的想法並不與你一致，你也能佔得先機，另謀他徑。最後切記，不管你打算怎樣寫這封情書，都請把你內心深處最真實的想法寫出來，最感人的不是多麼華麗的辭藻，而是真實。

做我的女朋友吧！

求愛箴言
「我愛你」，很勇敢，很堅定。

里安是一個還算不錯的成功男士。畢業之後短短幾年，里安便成為同期同學中的佼佼者，生活安逸富足。可是事業上的衝刺佔據了里安太多的時間，每每下班回到家，家裡的每個房間卻總是空空蕩蕩，里安不由得也有些懊惱，他越來越渴望擁有幸福的家庭，能找到心愛的另一半，才是現階段能讓里安覺得最幸福的事情。

這時小希恰好出現，與經驗豐富的職場人士里安比起來，初出學校大門的小希，天真活潑又可愛，每天都是元氣滿滿的工作，遇到任何困難也從不低頭，里安慢慢被這個年輕的小姑娘吸引，他不由自主的想多瞭解她一點，他總是刻意製造很多偶然的遇見，希望與小希近一點，再近一點。

可是工作總是很忙很忙，他也知道，在小希周圍，潛在的追求者並不只他一個，對小希的好感越來越濃烈，里安暗暗的告訴自己，是有所行動的時候了，里安暗自在心裡決定對小希表白。

他們都說，這個年代的地球是平的，里安決定身體力行去驗證這個命題，打開搜尋網站，他毫不猶豫的輸入了表白這幾個關鍵字，很快，就查到了很多相關的資訊，里安耐下性子慢慢看著，卻發覺這些資訊都只不過是一家之言，沒有什麼實際的意義。偶然跳到眼前的一篇《直接告白時應注意的N件事》吸引了里安的目光。

緊張是無可厚非的，但你絕不能讓她聽起來覺得猶豫……

根據語言專家的檢測，表達愛意時必須去除所有的「啊」、「唔」等字眼，也絕不能用不確定的字句，尤其是「想」、「可能」等，更別用那些自以為流利的削頭去尾的詞語，如「愛你，愛你，愛你」之類，記住，你這是向你深愛的女人表白，所以一定要置之死地而後生，鼓足勇氣說出那最有用的三個字「我愛你」就好。

里安牢牢的把這些話記在心裡，等待一個合適時機對小希表白。

這一天里安工作的公司加班，一直到最後，公司的人一個一個慢慢都走光了，但小希仍還在辦公室裡默默工作，里安本來早就做完了自己份內的工作，但看著小希忙碌的身影，他意識到這可能是一個絕好的機會，說做就做，里安跑到樓下的7-11買了兩份宵夜提到公司。

「還在加班？」他把宵夜遞到小希面前，「我也加班，就順便多買了一份給妳。」

小希抬起雙眼，有些感激的看著里安，「謝謝哦。」

兩個人有說有笑地吃著宵夜，里安突然說，「小希，一個人的力量是100%，兩個人加起來就是200%，妳要不要考慮一下做我的女朋友？」

小希顯然被里安的話嚇到，正在吃宵夜的動作也停止了下來。

里安繼續說道，「小希，我愛妳。」

他就那樣深情的望著眼前的這位姑娘，真摯而樸實，一陣沉默之後，小希終於打破了沉默說：

「不。」

在這個不字被小希說出口的剎那，里安覺得自己的心都快碎了。

「我還以為你會早一點把這話說給我聽，為了懲罰你一下，我決定，不要從現在開始做你女朋友，明天怎麼樣？」說完小希還不忘俏皮地眨眨眼睛。

一時間從地獄到天堂，里安看著眼前這個娟秀的女孩，不由得感謝上天對他的眷顧。

事情就是這麼簡單，後來小希告訴里安，正是因為他那句真誠的我愛妳，最終讓她感動，用小希的話說就是：「你都那麼直接的說出來了，我有拒絕的餘地嗎？」

明確的告訴對方你對他的愛，不失為表白的一個妙方，但是這方法說起來容易，做起來卻不是那麼簡單。首先，有必要揣測一下對方對你有無好感，若有的話，這樣的表白更容易取得成功。其次，在你告知對方你對他（她）的愛時，必定是與對方有著一定的熟悉程度，倘若只是短短的一面之緣就慌忙衝上去說我愛你，相信表白的效果一定會大打折扣。最後，只要決定自己準備開始求愛行動，那就不妨多多製造機會讓對方跟你接觸，讓對方對你多一些瞭解也能多一些好感。要知道，在愛情中，做千百件事可能都比不上短短的這三個字來的重要，所以準備好說「我愛你」的勇氣，大方的讓你的心上人知道你的心意吧！

陪你看日出

求愛箴言

因為愛日出，所以愛上日出時說愛我的你。

林生與心若認識，是在不久前的朋友婚禮上，做為男方最好的朋友，林生理所當然的成了best man，做為女方親友，心若也順理成章的當上Bridesmaid，打扮正式的兩人跟在新郎和新娘後面，彼此間都留下了深刻的印象。

後來便慢慢有了聯繫，兩個人的愛好都是登山，細細數起來，共同點更多，心若發現，他們居然報名參加了同一家登山俱樂部，只是因為機緣的關係沒有一起參加活動過。她是新手，林生卻是俱樂部的老會員。熟悉起來以後，心若跟林生便經常湊在一塊參加俱樂部的活動。

林生是個不可多得的好幫手。總是記得在出發前打電話給心若，貼心地叮嚀：不要忘記了帶感冒藥和ＯＫ蹦；不要忘了抗過敏的藥物；山上冷，要記得多帶一件衣服……等諸如此類。心若對林生的好感越來越深了，林生不光有著英俊的外表，卻也格外的細心，一點一滴就這樣慢慢佔據了心若的心房。每每到正式的爬山時，心若力氣小，耐力不行，這時候林生總是挺身而出，幫心若負擔一些重量，一塊登山的朋友也漸漸喜歡開起他們的玩笑來。可是做為當事人的兩人，彼此間雖然都有著深深的好感，但是以前曾有過的一些失敗經歷讓兩人倍加謹慎。

心若對林生的吸引越來越甚，他想是該打破僵局，讓對方知道自己的心意了。有了這個念頭，林生便開始計畫。登山是個不錯的時機，也是他跟心若最有機會單獨相處的時機，林生打定了主意，將他的告白行動安排在兩人一塊參加的某次登山活動中。

照例是一群人背著帳篷上了山，選好營址，鋪好地席，大家一如既往的開始歡樂地活動，林生拿著啤酒找準機會坐在了心若旁邊。「明天早上我們早起吧！」林生在心若耳邊悄悄建議，「在這裡看日出很有意思，以前我曾來過一次，心若妳肯定也不想錯過吧？」心若欣然答應，清晨四點，林生就把心若從帳篷裡喚出來，在同去的人都還在熟睡的時候，兩人卻已經找好了地點等著太陽的出現。

當漫天的霞光映滿山的時候，心若不禁被眼前的景象驚呆了，初升的太陽散發出金黃的色澤，光芒這樣普照著大地眾生，不由得感嘆造物主的神奇，沒想到驚喜還沒有完，熟悉的聲音在心若的耳邊響起，給了她更大的驚喜：「心若，」林生單膝跪在她的面前，真誠的執起了她的手，「我愛妳。」

就這麼簡單的三個字，藉著美麗的日出，雖然沒有貴重的禮物和甜言蜜語，心若也感動的熱淚盈眶，兩個人擁抱在一起，心若在心裡暗想，未來，也許每天都能跟這個人一起看燦爛的日出吧！

許多人都會遇到這樣的困擾，怎麼找到合適的時機和地點向對方表達心意？在這個計畫趕不上變化的時代，明確讓對方知道自己的心意很重要，找一個合適的時機和地點表達會讓你的表白更加成功。凡事講究天時、地利、人合，求愛的路更為如此，藉著登山找一個兩人單獨相處的機會，藉著良辰美景作證，在滿天的旭日光芒中，讓對方知道你真摯的愛，要知道，很多時候，人們愛上的是一種感覺，感覺找對了，相信成功一定不遠矣。

不做開花的樹

求愛箴言
與其等成一棵開花的樹，不如飛身做追逐花瓣的風。

「佛於是把我化作一棵樹，長在你必經的路旁。陽光下慎重地開滿了花，朵朵都是我前世的盼望。」這是運文最愛的一行詩。很多時候，他覺得自己的愛情，就是這樣的旖旎、絢爛，宛如陽光下開滿了鮮花的樹，等待著一個必經的人走過，然後是發現、驚嘆、濃濃的喜歡。可是他一直不知道這個人會是誰。

遇到瑞秋的時候，他幾乎目眩神迷。那個清亮如水、溫婉如水的女子，叫他第一眼就覺得找到了必經的人。

瑞秋剛進公司，就被分配在運文的小組裡學習。她總是甜甜地笑，聲音清亮而充滿朝氣，做起事來乾淨俐落，接人待物彬彬有禮。很快地，整個部門都喜歡上這個女孩子。運文也是。

喜歡她每天早上那一聲甜甜的「早安」；喜歡她交文件時期待的目光；喜歡她小心翼翼地炫耀新衣服的樣子……

運文覺得自己就是一棵樹。努力地盡心做到最好，指導著瑞秋的工作，幫她熟悉公司的人事關係，讓瑞秋在成長的同時，自己可以做她倚靠的那棵樹，堅實的支撐，默默的守護。他相信，只要自己用心盡心地為瑞秋付出著，她一定能感覺到。然後就是水到渠成，長久相守了。

瑞秋知道運文對自己特別照顧，可是在她看來，運文就是那麼好的一個組長，對自己非常的照顧，雖然感激，卻沒有想到那麼多過。

直到某天有個男孩子來接瑞秋下班，看著瑞秋高興地奔向陌生男孩的懷裡，運文突然覺得自己似乎哪裡做錯了。他懊惱，難道守護了那麼久的珍寶，就這麼拱手相讓嗎？難道長久以來瑞秋就沒有察覺到自己的心意嗎？難道大樹般的守護，也留不住瑞秋的心嗎？

有相知的同事暗暗對運文說：「別傻了，現在哪裡還適用守護的愛情。你不說出來，人家當你是前輩照顧小妹妹，哪裡能想到那麼多。你要喜歡人家，就要追求，拿點實際行動出來啊！」

運文不解：「難道我平時對她的照顧還算不上是實際行動嗎？我對她那麼特別，她都感覺不到嗎？」同事聞言，差點昏頭地說：「你那也叫實際行動？那是工作上你照顧她！你不說明，人家怎麼能想到你是在追求她啊！先把工作和感情分清楚，不要混淆，別讓你的付出變成提攜後輩、照顧組員啊！」

於是接下來，運文先對自己的工作方式做了小小的調整，盡量一視同仁，不再因為對瑞秋有好感而特別照顧她。開始的時候，瑞秋還有點奇怪，以為哪裡得罪了組長，不然為什麼最近加班組長都不陪她？為什麼以前可以私下批評的錯誤，現在也是在例會上提出來？後來轉念一想，也就釋然了。對自己照顧太特殊，別人怎麼看啊。

沒過多久她又迷惑起來。下班載她回家，請吃飯，開始工作前的叮嚀和囑咐，雖然以前也有這樣做過，可是現在卻覺得不像是前輩在照顧後輩，而更像男人在追求女人的樣子。

「可能是我搞錯了吧！我也太自作多情了！」瑞秋為自己有這樣的想法臉紅了好幾次。可是越來越覺得不太像，這天瑞秋生日，運文的禮物是一條精美的手鍊，還有一束鮮花。抱著鮮花，瑞秋疑惑著，「組長，這個……」她結結巴巴地問道：「你是在追求我嗎？」

「當然是在追求妳啊！」運文說得理所當然，看著瑞秋大吃一驚的樣子有點受傷。「難道我做的不夠明顯嗎？或者妳覺得我這個人不怎麼樣，

所以連追求妳都沒有感覺啊？」

「不是不是。」瑞秋連忙擺擺手解釋，可是整個人還是有點迷糊的感覺：「可是組長為什麼要追求我呢？」

「我喜歡妳啊，所以就要追妳嘍！其實從很久之前我就開始喜歡妳了。如果妳覺得我這樣做對妳來說有負擔的話，妳可以不用接受，真的！」

運文心裡有點不太好受，是自己做得不夠，還是這個女孩子對愛情太遲鈍啊，還是瑞秋對自己根本就沒有感覺呢？可是看著瑞秋紅紅的臉，覺得又不像的樣子，而且，至少瑞秋沒有一口拒絕他嘛。

「沒有，我只是覺得有點突然而已。」瑞秋羞澀地笑，手裡卻抱緊了花束。

「那麼，我可以理解為妳是接受我的追求了嗎？」運文看著瑞秋點點頭，他歡呼一聲抱住了瑞秋。

做一棵開花的樹，等在你必經的路旁。年輕的時候，覺得這樣的情景充滿了詩意和濃烈的愛，可是看遍了風景之後，總會反思，為什麼等待的人總會無視地走過呢？因為在大多數的時候，這棵美麗的樹，只是那人人生中的一道風景，雖然美麗，但總要錯過。試想一棵永遠在原地不動的樹，固然美麗，引來的不過是一時的驚嘆，哪裡會有人想到帶一棵樹一同前進呢？不要做等待的樹，不要綻放等待的熱情，要做的，應該是陪伴那人一同前行，共同閱覽人生的風景。如果你還在等待，為什麼還不主動出擊呢？在本書的前幾章裡，那麼多的方法告訴我們應該怎樣告白，趕快選一種去找你心愛的人吧。

畢業我們在一起

求愛箴言
只說愛你，不訴離傷。

「大家好哦！」上完課，小悠照例到熟悉的社團報到，劍道社並不算學校的熱門，因此入學四年以來小悠也成為劍道社唯一的女生。

小悠工作誠懇細心，對劍道又十分的有熱心，在每次社團活動之前，總是會協助會長把社團的各項工作安排的井井有條，因此小悠也成了公認的劍道社之花，這朵花不僅溫柔賢淑，而且還漂亮異常，可是就是這樣一個女孩子，卻甘心待在學校並不十分熱門的劍道社，而沒有轉去其他人氣旺盛的籃球社，最要命的是，小悠居然還沒有男朋友。不知道劍道社的多少男孩子為這朵劍道社之花傾倒，但是卻始終沒有人贏得小悠的芳心，眼看著畢業在即，大家不由得都有些關心起小悠的大事，不知道畢業前，這朵劍道社之花會遇見自己的另一半嗎？

「好。」回答她的是林偉，一個洋溢著溫柔笑容的大男孩，亦是劍道社的社長，大一時他們一塊入社，如今他們也即將一同畢業。面對著一如往常的小悠，林偉心中卻憋了一個十足的小祕密。他不敢讓人知道的是，四年的相處，他已經深深的愛上了這個純真可愛的女孩，畢業在即，也許未來大家都將各奔東西，他不由得攥緊了自己的拳頭，不曉得他還有沒有機會跟小悠再進一步呢？

日子就這樣在波瀾不驚中度過，兩個人依然同心協力的為劍道社的各項活動忙碌著，希望能在畢業前留下更多美好的回憶，只是這樣的波瀾不驚也只不過是表面而已。林偉悄悄地在心裡發誓，畢業前一定要讓小悠知道自己的心意。

畢業是一個很好的契機。林偉在心中想了一個又一個的主意，最終這些想法一次又一次的被林偉自己否決，直到一個機緣巧合，林偉心中的祕密終於被劍道社的同學們知曉，大家同心協力幫林偉出點子，最後一致決定在畢業前幫助林偉給小悠一個驚喜。

拿到畢業證書的那天，小悠被告知劍道社決定在操場舉行老社員的歡送會，時間是晚上九點。實際上那天除了林偉，劍道社的所有人都不會參加。大家早早的就幫林偉佈置好了一切，在巨大的操場正中間用蠟燭擺好了心型和小悠的名字，在華燈初上小悠到來之前，大家又幫助林偉點燃了蠟燭，這場美其名的劍道社歡送大會，實際上就是林偉的個人表白大會。

萬事俱備，只欠東風。蒙在鼓裡的小悠隻身走向了操場，每年的歡送都是一個龐大的儀式，大家飲酒狂歡，她還有些擔心，不知道今天會被邀喝地喝成怎樣，然而走到操場，除了擺著心型跟寫著她名字的蠟燭，她卻連一個劍道社的人都沒有看見。

這時候林偉從暗處抱著吉他走了出來，嘴裡輕輕的哼著歌曲：

直到我遇見了妳

才開始瞭解愛
控制不住的心跳
等待妳輕輕呼喚
才知道我一點都不勇敢
才知道越在乎夜越不安
要不是那天你伸出的手
那麼溫暖
我一直在找一個人
就算盲日都快樂
也只有真心相愛才可能
瞭解什麼叫深刻
我一直在找一個人
讓我相信幸福是真的
（馮瑋君《一直在找一個人》）

他走到小悠身邊，停下腳步，藉著燭光的襯托，勇敢的對小悠說出，「我一直在找妳，小悠，做我的女朋友好嗎？」

突如其來的告白深深地震撼了小悠，看著站在面前這個真摯而有著幾分羞澀的大男孩，她想，她沒有辦法拒絕，除了點頭她別無選擇。

很多很多年以後，兩人攜手走入婚姻的殿堂，林偉才知道，和他一樣，原來小悠也暗戀他許久，當初也只是因為知道他進了劍道社她才會選擇同樣加入劍道社的，這樣可以離你近一點，小悠是這樣解釋給他聽，林偉卻一再慶幸自己當初的決定，一個畢業前的勇敢告白，贏得了一生的摯愛。

人生中總是很殘忍的要面臨很多分離的時候，即將告別熟悉的地方，即將告別自己心裡暗戀的人，最遺憾的事卻是對方並不知道你深深的愛意，還沒有嘗試過走出第一步，卻又註定了沒有下文。所以這個時候，一定要勇於表達自己的感情，給自己一個機會，相信離成功又會再進一步。轟轟烈烈的求愛方式不失在面臨離別時可供選擇的表白良方，一點燭光、一點情歌，就會讓對方徹底的感受到你的浪漫情懷，最終接受愛的表達。一個獨特的、個性化的求愛創意其中花費的心思，由此帶來的浪漫與感動，達到的效果，都是極致。值得注意的是，使用此方法時也要充分顧慮到對方的想法，有些人認為的浪漫，在另一些人看來可能就變成了張揚。建立在基本瞭解的基礎上，主動出擊，一定會事半功倍，最終獲得成功。

香味噴泉

求愛箴言
你相信嗎？如果噴泉裡的水會有香味，那就代表我要對你說，我愛你。

阿偉跟佳音的相遇純屬偶然，有個噴泉廣場是阿偉愛去散步的地方，每當閒暇時光，阿偉總是喜歡一個人安靜的走在這個頗有特色的廣場，聽著音樂，悠閒地想著一些有的沒的。第一次見到佳音，是阿偉在廣場不小心撞到了佳音，那時她正端著一杯半燙的咖啡。

「對不起，小姐。」阿偉有些手忙腳亂的從口袋裡拿出紙巾，大概是他撞得太大力，咖啡濺了出來，讓佳音米白色的套裝上有著點點咖啡色的斑點。

「沒關係。」佳音並沒有很介意這個小小的意外，反而露出淡淡的笑容。

但阿偉卻依然有些擔心，「咖啡沒有燙到妳吧！要不然我幫妳把外套送洗。」

「真的不用客氣。」連語調聽起來都是柔柔的，「這是很好洗的外套，自己動動手就好！」

第二次是在廣場的長椅上，阿偉有點懶散的坐在長椅上，釋放著自己一天的疲勞，突然身邊有人坐下，定眼一看，原來是佳音。

一來二往。兩個人老是在這個廣場遇見，漸漸熟悉了起來。

阿偉開始知道這個有著甜美笑容與淺淺酒窩的女孩跟他一樣喜歡喝藍山咖啡，喜歡一個走在這個有著音樂的廣場舒緩一天的疲勞，順道看著廣場上的人來人往。在這個繁忙的都市，這裡漸漸成為他們的一個避風港。但是兩人卻從來都只是在廣場上偶遇，不知道對方的電話，也不知道對方的工作，有點神祕。久了阿偉就開始期待瞭解佳音更多，而不僅僅只是這個噴泉廣場的偶遇。阿偉常常希望在廣場相遇的告別之前鼓起勇氣對佳音說，「小姐妳住哪裡，我送妳回家吧。」可是生性謹慎的他卻始終沒有把這句話說出口，他們就這樣日復一日，不停的在這個音樂噴泉廣場偶遇，講講自己一天的生活跟心情，然後道別。

時間越長，阿偉對佳音的好感就越多，他開始希望能夠找對時機讓佳音知道他的心情，卻又擔心流水有意，落花無情，又或者佳音早就有了意中人，他在一開始就沒了機會。沒幾天，佳音不小心透露了自己仍然單身的訊息，阿偉終於鼓起了勇氣找準機會對佳音告白。

噴泉廣場的噴泉通常會在每天晚上七點準時開放，阿偉用了點小小的賄賂，說服廣場的工作人員晚開噴泉幫助他完成這一場愛的表白。

計畫的前一天，阿偉便告訴佳音明天廣場有特別活動，不可錯過，希望他們這邊不見不散。一開始佳音有些猶豫，一再追問是什麼活動，阿偉卻笑笑說要保密，但是保證是佳音喜歡的活動。最後出於對阿偉的信任，佳音答應了明天同一時間再次跟阿偉在廣場相遇。

第二天佳音一如往常地來到廣場，看了看手錶已經差不多七點半了，可是廣場的噴泉卻不像以前那樣的打開，廣場上有著散步的人和嘻笑的孩子，但就是看不出有任何活動的跡象，佳音不由得有些擔心阿偉是不是在跟她開玩笑。

「嗨！」突然地，阿偉就出現在她面前，笑容顯得神祕。

「嗨！你可不是跟我開玩笑吧，根本就沒有活動的樣子啊。」

「有的。」阿偉拍拍胸脯保證，他早就和廣場的工作人員串通好，一切準備就緒，只等他的信號，「妳馬上就會知道了！」

阿偉的話音未落，那首傳世名曲「費加洛的婚禮」就已經響起，噴泉跟霓虹也開始啟動，伴隨著水聲升騰起的，還有空氣中淡淡的香味，這味道，居然是她喜歡的茉莉花香。

「佳音，」正當佳音有些搞不懂狀況的看著阿偉時，阿偉卻一臉情深的看向了她，「我愛妳！」茉莉花的香味跟「費伽略的婚禮」配合得天衣無縫，佳音不由得被阿偉的真摯與浪漫打動，廣場上依然是人來人往，沒有人注意到長椅邊的這一對小情侶正悄悄的把頭靠在了一起。

原來這一切都是阿偉精心設計的，知道佳音喜歡茉莉花的香味，他便事先跟廣場的工作人員溝通好，希望工作人員幫助他在合適的時候開啟噴泉，並在其中摻進淡淡的茉莉花香。事實證明，他的求愛行動沒有白費心機，佳音果然最終成了他的女朋友。

浪漫是很多人都會掛在嘴邊說的詞，可是怎樣才算浪漫，又怎樣才能製造浪漫？忙著追求女士的男士們有必要停下腳步，聽聽身邊的女士們都是怎麼形容浪漫的。女人們說，浪漫不是金錢，浪漫也不是排場，浪漫是我愛你，浪漫是你給我的一個又一個驚喜。女人天生都是喜愛浪漫的動物。創造一個浪漫的氛圍，對你心儀的人表白，她又怎麼能夠不被你這份真摯的浪漫所感動。就像故事裡面有香味的噴泉一般，一個小小的心思，跟一句簡單的我愛你便能讓你最終俘虜她的心。

醉酒・醉人・醉愛

求愛箴言

想走就快一點；想愛就慢一點；想醉就曖昧點……直到酒後吐真言。

在正東的心裡一直有個祕密。他愛上一個人，但是對方卻並不知道他的心意。當他就那樣用朋友的身分站在她周圍的時候，心裡總是會有著一些莫名的苦澀。不是沒有想過想要讓對方知道自己的心意，他知道這一招或許對大多數女孩子有用，但是對於伶俐而言，這一招卻未必管用。

伶俐伶俐，人如其名。他還記得某次她向他描述某人向她告白的過程，她如何直接的拒絕別人的追求，把玫瑰花從家裡扔出去，拒絕別人每一次的邀約，也曾經有人懷疑過正東的心思，在伶俐面前開玩笑說，搞不好正東喜歡的就是她。可是她卻一次又一次的大笑置之，正東和她？怎麼可能？「我們只是好朋友而已，正東喜歡的是辣妹，不是我這樣的女生啦！」

誰相信他愛她呢？他想就算是他說給她聽，她也只是會笑著擺擺頭說：「正東你別跟我搞笑了！」可是他是那樣的愛她，他希望她能知道他的心意，看看一直站在她身邊的他，也許他們能做的不僅僅是朋友而已。

這一天是正東的生日，身為最佳好友的伶俐也必定會出席，依舊是笑著不停地跟他插科打諢，正東卻覺得自己再也不能等待下去。身為壽星的正東，不停地被眾人灌酒，本就不太能喝酒的他，幾杯下肚，便有了一些醉意，看看正在身邊巧笑倩兮的意中人，正東告訴自己，他必須要讓她知道自己的心意。

正東帶著幾分醉意敲了敲自己手中的酒杯，希望他接下來說的話能夠引起大家的注意：「有件很重要的事，我想要一個人知道，這個人就站在這裡，希望大家能夠給我這個機會讓我說出來。」

「我愛上一個人，愛上很久很久，」正東自顧的說著，神情卻望向了伶俐的方向，眾人也隨著他的眼光向伶俐看去，藉著酒勁，他走到伶俐面前停下來，「可是這個人，卻怎麼都感覺不到我的心意。」

「偶爾我會接到她的電話和簡訊，偶爾她也會找我出來一起閒逛跟玩樂……」

「她會把開心的事說給我聽，也會把不開心的事說給我聽……」

「我知道，在她心目中，我是很重要很重要的朋友……」

「可是我想做的不只是朋友而已……」言至此，正東停了下來，人群中也響起了一陣熱烈的掌聲，他想，是時候說出自己真正的心意了。

「伶俐，我愛上的那個人，就是妳。」伴隨著告白的公開，大家也都開始起鬨，夾雜在陣陣掌聲中，正東給了伶俐一個大大的擁抱。

告白成功，接下來的交往順理成章，當兩人幸福地在一起之後，正東才知道，其實伶俐早就對他有好感，只是不敢確定他的心意，所以每次當有人暗示正東對她有好感的時候，她才會笑著說他只是當她是好朋友，她不確定，不敢誤信，如果沒有他藉著酒後吐真言，相信兩個人就不會贏得最後的好結局。

你想要對他（她）表白，卻又害怕尷尬，藉酒醉的機會表白應該是一個可行的選擇，藉著酒力把平日說不出口的真情實意說出來，倘若對方對你的表白有意，那麼在醉酒事件過後，你也必定能為自己贏得了更多的機會，至少他（她）明白你的愛意，倘若對方對你並無好感，那麼藉著酒力的表白也能避免尷尬，很多情況下人們都認為酒後戲言不必當真。如果對方對你也有好感，那麼在藉酒力告白事件過後，持續的乘勝追擊就成了關鍵所在，不要讓對方覺得你只是一時興起說出了這一番話，你的愛是真情實意，是至死不渝，並不是酒後的戲言而已，千萬不要在事後表現的毫不在意或者又回到過度害羞的狀態。

Tips：借酒示愛小提示

1、有時候並不一定是真的喝的非常醉，只是有醉意的效果出來，但是仍然還是可以理智的控制自己的行為。

2、過於酒醉的狀態並不適宜對對方表白，有可能會發生失態的事情。

3、要記得就算是醉後的表白也依然是氣氛佳、場景佳、時間佳。

4、不要等到對方也喝醉的時候說出這番話，也許事後對方完全不記得。

5、記住即使是出於醉酒的狀態，也依然要注意自己的儀表和措辭。

停電不停愛

求愛箴言

只是需要一個契機，默默掩埋的愛終將重見天日。

加班總是件讓人鬱悶的事，帶著加班的疲倦，欣梅走到公司的茶水間清洗杯子，突然咻一聲，四周暗下來，她嚇了一跳，走到外面一看：搞什麼，加班停電！她今天真是倒楣，早上等公車久等不來，晚上加班又遇上停電！

「藍欣梅。」與她留下來一塊加班的君燦，靠著手機螢幕的光線找到她，「妳還好吧？」

「還好，是停電嗎？」她問。

「嗯，等一下不斷電系統就會啟動了，應該沒什麼問題。」他好奇的問她，「妳不會怕吧？」

「怕什麼？停電而已。」她笑笑，只覺得他把她想的太過膽小。

「我以為女生都會怕停電的。」

「為什麼要怕？」她是出了名的不怕鬼不怕神，小小的停電又算什麼？

他驚訝於她的膽識，雖然在他心中，她向來是如此特別。「之前一發生停電，就會有女生嚇得要死，直抓著人不放，我以為女生都怕停電。」

「哈哈哈！」欣梅拍拍他的肩膀，「不錯耶！一停電就有女生主動貼上你，豔福不淺喔！」

「才不是這樣……」被她這麼一說，君燦有點不好意思，幸好四周昏暗，沒讓她看到他在臉紅。一陣無言，氣氛也變得奇怪了起來。

「奇怪，不是有不斷電系統嗎？為什麼這麼久都沒作用？」既然號稱不斷電，就不能斷啊！

他心中有不好的預感，「我下樓看看。」

「等一下，」她抓住他，「現在我們人在三十三樓，你要走到地下室看喔？」

「不然呢？」他反問。

「照我看，還是早一點回家，反正這麼黑，什麼也看不到。」

「妳忘了我們公司是電子門鎖，一停電，為了安全起見，樓上大門就會自動上鎖的嗎？」

「不是吧！」她大叫出聲，開始知道害怕了，「如果門被鎖上，我們不就被關在公司了？」

他攤攤手，「照道理說，是這樣的。」

「那暖氣呢？」

「停了。」

「不要啊！」膽大的她開始緊張地走來走去，「沒有電燈沒有暖氣又被鎖在公司，天啊！我是招誰惹誰？我們要去頂樓燒什麼東西嗎？讓人家知道我們還在公司……還是丟著寫有SOS字樣的衣服，我聽說有人在火災的時候跑到頂樓，丟求救訊號下去，這樣就有人會去救他們了……」

「等一下，妳冷靜一點……」她一直走來走去，君燦一急，不知道她跑哪去，只聽見她哎唷一聲，砰砰兩聲跌倒在地上，「喂！妳還好吧？」

她沒回答，他覺得不太對勁，用手機螢幕的光線找她，發現她縮在地上一言不發。

「怎麼了？撞到哪裡？」

「撞到頭……」她的聲音小小的，手還不停的揉著額頭。

「我看看。」他朝她走去，卻沒注意到桌腳，砰一聲朝她撲過去。

兩人雙雙跌在地上，雖然只有一瞬間，但壓著她嬌小纖細的身軀讓他全身一緊，他察覺不對馬上起身，連聲向她道歉。

「對不起，我不是故意的……妳……妳還好嗎？」他一定是哪裡不對勁，喉頭有些緊，四周昏暗什麼都看不見，只能憑她的聲音與呼吸來判斷她在哪裡，鼻息間還充滿她的香味……

「還、還好……」噢！真是嚇一跳，沒想到君燦會突然撲過來，雖然知道他不是故意的，但他跌進她懷中的剎那，結實有力的臂膀在瞬間將她擒住，一種說不上來的溫暖湧上她全身，她一定是吃錯藥才會在這種時候還想多眷戀一些些他的體溫……

「呃……那個，我還是到樓下去看一下系統出什麼問題好了。」他想暫時離開一下現場，好好冷靜一下。

「不要！」她抓住他，光是一想到整層樓只有她一個人，她就覺得非常不安，她不怕停電，但君燦要走三十幾層樓，不知道多久才會回來，她又沒那個膽跟他一起下去，摸黑走樓梯多危險啊！她始終不認為那是個好主意。

「別下去，太危險了，三十幾層樓耶！何況那種高壓設施，我們又不一定會修，別冒那種險。」

「知道了。」他撥起手機，「我看看管理室有沒有人能想想辦法。」

撥了幾通電話，管理室也沒有人接，他們決定先到會議室內，那裡有一大片落地窗，至少會有點光亮，不至於讓人感到這麼慌。

牽著她的手，君燦摸黑走在前頭，最後終於打開他辦公室的門，一大片珍珠白的月光灑在地板上，兩人忍不住看呆了，從不知道這裡的景致那麼好，窗外一大輪滿月在停電的夜晚更顯得明亮。

「是滿月！」她跑向前，趴在落地窗前睜眼看著天空又圓又大的月亮，原本燈光閃爍的城市，只剩下幾點燈光，她有感而發的說：「真漂亮，從來沒有覺得滿月這麼漂亮過！」

「是啊。」他也看著月亮，對她的看法表示贊同，在皎潔月光的襯托下，她顯得越是美麗，君燦忍不住盯著她看。

也許是月光太美，照在她臉上，她粉嫩的臉蛋就像是透著光澤的香甜布丁，讓人想摸摸看她頰邊那細緻的觸感……

「欸！你有沒有聽說過月亮會迷惑人心，尤其是滿月的時候？」欣梅的雙眼盯著天空那輪明月，不自覺地冒出了一句。

他想到他其實暗戀她已久，這個活潑開朗的女生早已在不知不覺間俘虜了他的心，藉著這美麗的月光，君燦終於對著欣梅說出了那句我愛妳，他告訴她，她是怎麼樣虜獲他的心，他想的念的，一切的一切，都只是她。

就這樣，藉著停電的契機，藉著皎潔的月光，兩個人的心越靠越近，那個月光映襯下的一雙背影顯得那樣的美麗。

喜歡一個人，想要對他（她）示愛，想要贏得他（她）的心，可是你就是站在那裡，一次又一次的，想要說出口，卻哽在喉頭。其實需要的只是一個好的契機，在某些突發事件的發生，或許就是你最佳的契機。好的機會轉瞬即逝，你需要的就是牢牢把它抓住，一如故事中的停電事件，倘若你在意中人面前慌了手腳，不能把握住這個單獨相處的好契機，那麼你也只能把自己的這份愛埋藏在心裡。所謂求愛，不光是要讓對方知道你心意，同時也要求得對方對你的好感，使得你的愛意能夠得到回應。把握最佳契機，向對方示愛，借用偶然巧合，對他（她）說我愛你，相信你一定能夠成功。

示愛履歷

求愛箴言

嗨，看一下我的履歷吧，相信成為您的意中人的最佳人選，還有什麼人能比我做的更出色呢？

小武暗戀若曦許久，卻一直不知道如何向若曦表達自己的愛意，為了找到一個最佳的契機和方式向若曦表達他的感情，小武諮詢了許多有過感情經歷的人，眾說紛紜，但是最終，小武還是在總結別人經驗的基礎上找到了適合自己的好方法，他寫好了一封專為若曦量身訂作的示愛簡訊，成功贏得了若曦的心。

履歷的內容如下：

親愛的若曦：

在過去的許多年裡，我一直都在努力成為妳所希望我能夠成為的那種人。而且，這麼多年來，我也一直這樣努力著，但沒有成功，或者說進步不大。

我現在再次向您申請讓我處於妳唯一的、真正的愛的這個位置，我有一些品質使我有能力在這個位置上永久的成功。

我希望妳無條件地原諒我過去所犯下的種種錯誤，並希望妳對我們兩者的關係保持負責任的態度。

隨函附上本人履歷，供妳參考。請認真考慮本人對此位置的申請。再次感謝妳的費時費心。

期待妳的回音

永遠愛妳的小武

小武的愛情履歷

目標：成為妳終生唯一的愛，永遠陪伴在妳身邊。

教育：上過浪漫補習班，一切的學習都是為了讓妳更快樂。

職業小結：在過去的歲月中，遇見很多人，得出結論是妳才是我唯一最愛的人，願意使妳終身幸福。

就職情況：2000年～目前：妳的好友，希望未來可以更進一步。

臨時男友/最好的朋友：責任包括傾聽，需要的時候能夠及時趕到，關心人，愛人，能分享，會交流，有同樣的興趣和同樣的價值觀。

工作經驗：

1984年～2000年：少年時期。

2000年～2005年：懵懂無知的初入社會小青年，被善良的父母親養育成人，和他們一直保持親密而健康的關係。

2005年～至今：認識妳，愛上妳，愛妳的責任一直在履行……

借用一部愛情電影來表達你的愛？寫一本專給對方看的日記？如果說到明確的向對方表達愛意的方式，大約每個人的腦子裡冒出來的不外乎都是這幾種方式。大部分的時候，這樣傳統的方式都有非常好的效果，可是在所有的情況下都是這樣嗎？現代的心理學研究表明，人對於新鮮事物都有著一種渴望。或許你心儀的人周圍圍繞著許多人，你能想到寫一本日記，你能想到看一部電影，你能想到去良好的西餐廳來一頓浪漫晚餐，再來一個浪漫告白，所有你能想到的，也許早就被人用過，在這樣的形式下，這樣的傳統根本都不能為你在求愛的過程中帶來任何的優勢。需要做的就是跳脫出來。示愛履歷是一個不錯的選擇，透過示愛履歷，你能明確的表明你對她的感情，同時又能出其不意，以成為對方的愛做為你最終的職業目標，你向她表明你對愛情的執著和信念，愛對你來說就像一份無比重要的事業，記住，我們的目標是，贏得對方的心。

棋逢敵手

求愛箴言

男強女弱out了，越競爭，才越相愛。

芝青毫不手軟的挑落他手中的劍，摘下頭盔，臉上寫滿驕傲，「輸了吧！願賭服輸，今天這頓吃什麼可是我做主了哦！」

「好，妳做主！」易一有些無奈，但也只能拿她沒轍。兩個人是工作上的競爭對手，芝青最近剛從他手上搶走一個非拿不可的CASE，如今又在道場遇見，仇人相見分外眼紅。蔣芝青提議比劍時，他一口答應，他看著她那有些孱弱的身體，不相信她有什麼能力能夠勝過他。

沒想到真的落敗。失了CASE，如今連劍都被人挑落，還得依著賭約請人吃飯，易一只覺得一股怨氣堵在胸口，久久不能散去。算了，好男兒輸人不輸志氣。輸給蔣芝青，他還是很服氣的，一頓飯也沒有什麼了不起。

一頓飯吃下來，易一的怨氣散得一乾二淨，把酒言歡之間，易一也對蔣芝青這個宿敵有了新的認識，他暗自在心裡發誓，下次再約了比劍他可不能輸給她，下次的飯，得讓蔣芝青買單才對。

豈料改變印象的兩人，在接踵而來的工作裡，讓他們又從相互欣賞走到了激烈的對戰。代表不同公司設計小組的兩人同時去競爭設計案，走到會議室的門口都只覺得有火藥味瀰漫在空中。

兩組人馬，目不斜視，彼此的眼神裡都充滿了嗆聲的味道，這一次他打了一個漂亮的翻身戰，生生的把這個CASE搶到手。去了劍道社練習，兩個人再遇見，易一有些驕傲的說，「芝青妳承讓了！」

豈料她只是隨便的撇了撇嘴道：「不想做讓給你而已，反正也不是什麼很重要的DESIGN。」

「是嗎？」他也毫不示弱的回過去，兩個人相約再戰一局，這一次，換易一挑落了芝青手中的劍，他紳士的想去扶起跌落在地上的她，豈料她卻揮開了他的手。

照例是要把酒言歡。一到飯局上，兩個人的火藥味全都消失不見。芝青說除了自己的TEAM，這個行業，她唯一看的上眼的就是易一的團隊。

「是啊。」易一笑，「除了妳的TEAM也沒有人能和我們比一比啊。」

仍然還是職場上的競爭對手。一遇見有設計案，兩家公司也依然搶得你死我活。只不過，私下易一和芝青的關係卻變得親密起來。

投標、比劍、請吃飯，再到一起逛街，找素材，也許是良性的競爭，連老闆都誇獎芝青的案子做得比以前更加有水準，腦海裡立刻浮現易一，那個痞子男的身影，跟他競爭似乎都已經成了習慣，每次知道有易一參與的案子也特別容易勾起她的鬥志，除了事業上的好勝心之外，芝青的心裡還埋藏著一個深深的祕密。

她其實愛上了他。從他扳回設計案，從他挑落她的劍，從他們共同吃的每一頓飯開始，設計界的女魔頭蔣芝青，就算是喜歡，也不能說出口來，於是才有了後面這一次又一次的競爭和一次又一次的飯局。

某次因為要趕工，她一連加了三天班，一個人待在家裡，胃痛難忍，不知怎麼就打通了他的電話，易一匆匆趕到，滿載食物，抱怨她都不知道好好照顧自己。

芝青只覺得好笑，倘若兩人下屬知道對方的頭目正在自己家裡照顧自己，只怕眾人都只能瞠目結舌。

於是他們順理成章的開始交往起來。剛開始兩個人偷偷摸摸，後來易一乾脆光明正大的帶著芝青參加公司的尾牙，小安看見芝青出現時，驚得合不攏嘴的喊道：「蔣……蔣……」

她只是淡淡的任由易一牽住她的手，莞爾一笑。

從競爭開始，到相愛結束。蔣芝青和易一，開啟了他們的另類愛情故事。

常常聽人說一句話，如果你喜歡上一個優秀的人，想要追到她，那麼你也必須要優秀的站在她能看得見的地方。如果她都不能夠看見你，你又怎麼有機會站在她身邊贏得她的心呢？小鳥依人固然不錯，但是棋逢敵手也不失為一個引起對方注意，讓對方對你刮目相看，進而贏得對方好感的好方式。要注意的是，棋逢敵手並不意味著，事事都要與對方競爭到底，在對方面前展現出你優秀的一面是重要的，但是這樣的優秀不等於強勢。適度的表現加適當的柔弱，處理好兩者調配的劑量，相信你離成功已經不遠矣。當然各種方法的運用都需要因人而異，對症下藥才能有良效。是否採用這一招還是要考慮對方的性格，切不可胡亂使用。

第二章　一個永恆的問題

在求愛的過程中，有的人喜歡直抒胸臆，有的人卻只是一遍又一遍的在心裡哼唱，愛你在心口難開。內斂型的人如何才能成功地追求到自己的意中人呢？不說愛你，也可以輕鬆搞定，求愛的方式多種多樣，就算你內斂而木訥，相信只要方法得當，表達適中，最終也能守得雲開見月明！

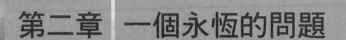

倒貼的郵票

求愛箴言
每一封郵件都代表我對你的想念，在那些被倒貼的郵票裡，隱藏著我想說給你聽的謎語——我愛你。

蘇敏和李瑞陽平靜的一塊度過了四年大學的時光，雖然他們關係親密，但卻並不是男女朋友。共同的朋友小A常常打趣這兩個人，「你們男未婚，女未嫁的，如今大學都要畢業了，幹嘛不談個戀愛算了啊！」面對小A的質疑，蘇敏的藉口是，太熟悉的兩個人，只能做朋友不能做戀人。沒有人知道她心裡真正的想法，校園王子李瑞陽，那麼優秀的李瑞陽，那麼多女生夢中情人的李瑞陽，她會有機會嗎？她功課普通、長相普通、身材普通、家世普通，可是她卻不想讓人知道她的想法，她怕她稍微前進一步，就會連朋友都沒得做。

身高一百八十八公分的李瑞陽向來都是學校裡引人注目的王子型人物，無論是功課、運動，亦或是各種大大小小的活動，總是能見到他的身影，但是他卻從沒有因此而驕傲過。大學裡引人注目的男生總是會有眾多的女性追求者，李瑞陽也常常會收到各式的情書和愛心便當。可是四年過去了，校園王子依然單身，女朋友沒有，身邊卻有著一個名叫蘇敏的女性朋友。

「李瑞陽，這個妹妹還不錯哦，要不然你就從了吧！」室友常常拿著他的各式追求者開玩笑，李瑞陽卻只是淡淡的說著，「不急，我還要唸研究所，事業為重，事業為重。」沒有人知道他心裡的祕密，他喜歡的人，就是他的好朋友蘇敏。她總是會提醒他天氣的變化，記得在他的生日送他最喜歡的禮物，她安靜地默默地支持著他所做的每一件事情。他愛上了她，卻沒有勇氣讓她知道，他不確定，在她的心目中是否也一樣有著他的位置，就這樣卡在曖昧和朋友之間，他想，至少這樣還能看著她，這樣就足夠了。

這個世界沒有永恆，當然也就沒有永遠的和諧。朋友的生活很美好，只是大四畢業在即，曾經迷茫的未來之於現在的他們也漸漸清晰了起來，李瑞陽拿到了MIT商學院的offer，而蘇敏則是留在了台北做一個朝九晚五的上班族，離別是兩個人之間必然將要發生的事。

就要分開了，蘇敏悵然若失，為什麼不說出來呢？心裡有個聲音不停地問著自己，可是看見李瑞陽如沐春風的笑臉，她卻什麼話都說不出來，是啊，一個是商學院的高材生，一個是台北的小小上班族，怎麼可能呢？她斷卻自己一切的念頭。

給了李瑞陽一個大大的擁抱，「保重！」她在他耳邊悄悄的說出自己的祝福，他也擁抱得很大力，蘇敏知道自己的眼眶都有些濕潤了，看著那個遠去的高大的背影，蘇敏忍住自己的眼淚，悄悄地祝福他很多很多遍。

她以為他去美國後會忘記她。沒想到卻每個月都會收到他的來信，報報平安，告訴她他的近況，同時也關心她生活的種種，美國跟台灣，很遠很遠，可是因為這些月都會收到的信件，她覺得他們其實也沒有那麼遠。她知道他新交的朋友是誰，新學會做了一道什麼菜，這學期的目標是拿到多少獎學金。一封又一封，其實空間沒有成為缺陷，好朋友就是好朋友，蘇敏在心裡跟自己說，就算到了美國，依然也是好朋友，她不禁有些慶幸當初的決定，至少她現在還是能在他的身邊——藉著朋友的名義。

直到小A某日來到她家，不小心打翻了她裝信件的盒子，看到李瑞陽給她寫的每封信上面的郵票。每一封每一封，都是倒貼著的郵票，兩年，二十四個月，二十四封信，每一個上面無一例外的都貼著倒著的郵票。小A告訴她，這是李瑞陽在跟她表白，小A說，倒著的郵票，就是愛的表示，她有些不相信小A的話，又認真的看著那些信件，每一封每一封都是倒貼的郵票，她再也忍不住，拿起電話撥了想了很久卻又不敢撥通的號碼。

「他們說二戰的時候通訊不便，士兵便在給愛人的信上倒貼郵票，表達自己的愛意……」她把小A說給她的故事轉述給李瑞陽，「你有沒有什麼想跟我說的話？」

另一端的那個人卻恨不得喜極而泣，他知道，她看懂了他的暗示，他知道她明白他對她的愛。在接下來的日子，橫跨六年三個月，曾經因為彼此矜持的兩人最終成為了真正的情侶。

很多人常常會有跟這個故事中的主角一樣的疑慮，我對對方有想法，可是對方是不是同樣的對我有意思？顧慮來顧慮去，往往到最後就是彼此誰都沒有說出什麼，而永遠的錯過。在示愛的過程中，有的人直接，有的人含蓄。可怕的不是含蓄，而是完全不敢表露自己的痕跡，表達愛意可以含蓄，我愛你，不一定是當面親口說出的那些話，像這樣的隱藏說明我愛你的方式常常會有更浪漫的效果。當然要注意的是，含蓄歸含蓄，必須要確保對方能夠解答你所設下的這道關於愛的謎語，如果你的精心準備完全不能為對方識破，那也就只能落得「白費心機」。

Tips：郵票的密語

郵票倒貼：我愛你。
向右貼：我已愛上你，只是不敢說。
向左斜貼：對不起，我錯了，給我一次機會好嗎？
兩張對貼：你跟他那麼好，我生氣（吃醋）了。
兩張並貼：你好棒（英俊，漂亮），我以你為榮。
兩張傾斜對貼：我想單獨和你相處，別帶「電燈泡」。
兩張斜貼上端：我們可以向前再走一步嗎？
三張正貼並排：你愛我嗎？請告訴我。
三張倒貼並排：我愛死你了，結婚好嗎？

求愛便利貼

求愛箴言

幸福就是貓吃魚，狗吃肉，你做我的女朋友。

Ray常常在坐電梯的時候遇見她，長長的頭髮，素面朝天，不像時下的女孩們有著精緻的妝容，可是她的素顏也是那麼的好看。他喜歡看她每天精神奕奕。端著很多杯咖啡，在電梯快滿人的時候喊借過借過，這時候嚴肅了一天的他會不自覺的泛起一抹笑容，那一瞬間，很多事情都會忘記，只有這個精神奕奕素面朝天的女孩舉著咖啡喊著借過借過。

但是卻從來沒有想到過會認識，Ray搬離原來的社區，意外的發現他竟然跟這位咖啡女孩成為鄰居，4A跟4B，剛剛好，門對門。漸漸發現，偶然他早上放在門邊的垃圾會不見，他正在想這棟樓雖然租金便宜，但是管理員倒是蠻負責任，還會記得幫他倒垃圾，後來偶然的撞見，才發現原來是咖啡女孩早上順手扔掉，「早上出門看見有那麼一包，反正自己也要倒，就順便了。」她後來如是跟他解釋，你來我往，漸漸的就熟悉起來。

咖啡女孩的名字叫怡樂，跟她給人的感覺很像，怡笑，怡樂。她不喜歡煮飯，是個宅女，斷糧的時候，只得敲開4B的門跟手藝良好的他討飯吃。兩人越來越熟絡，Ray只覺得怡樂在他心中的份量越來越重，可是他卻不知道怎麼讓她知道他的心意。

日子就這麼過去。城市居，大不易。慢慢的Ray就從鄰居升級到怡樂的心情回收站。

「今天買咖啡的時候燙到手。」

「不拿那麼多就好了啊，下次妳少買一點。」

「幫同事買的，反正順便嘛。」

「妳啊，就是不懂拒絕別人。」他有些無奈地笑，這丫頭每天不計辛苦的幫同事們買著咖啡和速食，誰都可以差遣她做一份差事。

怡樂眨著眼睛對他笑，「不覺得委屈啊，跟你倒倒我的心情垃圾就好了嘛。」

看著善良的怡樂，Ray突然在心裡想好了一個給怡樂告白的小計策，身為漫畫愛好者的他，決定在怡樂每次遇到不開心的時候給她一個加油打氣的禮物。

很快怡樂便會在跟Ray倒完心情垃圾的第二天收到一張有著咖啡色小豬（Ray說這可愛小豬的名字叫咖啡樂）加油便條。

Fighting，fighting！看到咖啡樂的便條，怡樂不由得會想到Ray的樣子，那些工作中生活中的不開心的事情也就這麼忘記，要加油呢！像咖啡樂一樣，怡樂總是這樣自己跟自己說。

時間越長，兩個人的感情也越好，由於上班又在同一棟樓的關係，他們總是約好了一塊去搭捷運，週末兩個人買好食材在Ray家大快朵頤或者是在怡樂家租個還不錯的DVD享受難得的休閒。

這一天跟平時也沒有什麼不同，依然是決定在Ray家吃飯，只不過怡樂週末加班，Ray就提前準備好了一切。下班回來敲開Ray家的門，怡樂卻被眼前的景象驚呆了，咖啡樂沒有待在小小的便條紙上，而是出現在一幅巨大的彩色漫畫裡，畫中還出現了另外一個主角Ray，一個漫畫版的Ray躍然紙上，站在咖啡豬面前捧著一大束花，畫上還有一個標題，用可愛的字體寫著，做我的女朋友吧！咖啡樂！

Ray也銜著怡樂遞出了自己早已準備好的花，就這樣，4A跟4B，咖啡樂跟Ray有了一個幸福的結局。

在你試圖對你喜歡的人表達自己的心意時，不妨在心裡預設一個問題，有沒有什麼你擅長做的事，是你喜歡的人也喜歡的呢？有的人會彈琴，有的人會寫詩，有的人會畫畫，但是相信每個人身上都會有著獨特的地方可以打動對方，如果你會畫畫，不妨試試借用畫作來表達心意，如果你會寫詩，不妨把你的心意藏在詩裡，如果你會彈琴，不妨藉著琴聲訴說你的愛意。羞澀不是問題，不好意思把「我愛你」說出口也不是問題，找到自己的長處，堅持不懈，把愛意藏在一點一滴之中，玩一場不說我愛你就能表白的遊戲，或許還能更讓人感動！

愛的漫畫書

求愛箴言
愛是，與你分享你的點點滴滴，與我分享我的心心念念。

相親！相親！相親！

她都相了無數次親了，可是卻沒有遇見一個好料，她遇見了各色的青蛙男，姿蘭不由得在心裡自我嘲諷，要是有個什麼青蛙男鑑賞大賽，她鐵定能得第一名！

「這次這個不錯哦！職業是醫生，台大畢業！」老媽千叮嚀萬囑咐，「妳給我打扮得漂亮一點，別以為我不知道妳嚇跑了多少人！」

蔣姿蘭小姐，芳齡二十八。人說三十拉警報，現在警報似乎正旋在她的上空，可是蔣小姐卻仍然是老神在在，只是苦了蔣媽媽安排一場又一場的相親，盼著她趕緊嫁出去。

可怕的相親經歷讓她恐懼得想逃，第一次相親的時候她幾乎都不敢相信自己的眼睛。

「蔣小姐月收入多少？如果我們婚後跟父母住在一起有沒有問題？」天！她不過只是相個親而已，這男的一見面就開始跟她討論起婚姻大事。

「基本上，我對蔣小姐還是很滿意的，那麼我們就這麼敲定吧！」第二次相親對象是條件不錯的商界人士，卻也把婚姻看的如做生意一般，身家背景打聽清楚，直接切入正題，但她又不是商品幹嘛要如此作賤自己？蔣姿蘭在一場又一場的相親見面會，卻只得收穫一次又一次的失望。

雖然老媽萬般稱讚這次的相親人物，蔣姿蘭卻無論如何都提不起興趣，暗自在心裡決定按照自己以前的方式，把這一個也嚇跑了就好。

真的見了面才曉得季騁跟她以前遇見的所有相親人物都不一樣，雖然稱不上十足的帥哥，但是細節上卻彰顯著這個不顯露的男人品味，他不急不慢，不問家庭，不問出身，只是聊著一些愛好或者其他。

蔣姿蘭逐漸放鬆起來，原本的驚嚇計畫早就被拋到了九霄雲外，她知道他跟她一樣雖然一把年紀卻始終喜歡抱著漫畫看個不停，知道他跟她一樣喜歡無聊時在露天咖啡廳買一杯咖啡，呆坐許久，看著人來人往。

在季騁心中，蔣姿蘭也是他遇見過的最好的相親女性。沒有故作矜持，與人相處大方有禮，就算是他們相親見面時，姿蘭也從沒有如別的女人一般精心打扮，可是她就算是素顏也是那麼好看！

相處得越久，季騁就越希望能讓姿蘭知道自己的心意。然而根據他對姿蘭的瞭解，這個怕受傷害的小女人從不輕易地讓一段感情有發生的可能，所以耗了這麼久才沒有把自己嫁出去，太主動，嚇跑了她怎麼辦？不主動，讓她繼續一次又一次的行走在各種相親宴上嗎？想了許久，季騁終於在心目中想到了對策。

這天季騁約蔣姿蘭一塊去熟悉的漫畫書店買最近他們一直在追著看的漫畫書，而他事先則跟店員溝通好打算給姿蘭一個出其不意的表白。

他們笑著走到了收銀台前準備付款，「小姐妳買的這套書我們有做活動哦！翻翻看妳的書有沒有中獎！中獎的話會送獎品哦！」

「真的啊！」蔣姿蘭有些開心，買了這麼久的書，還是第一次聽說會有這種活動，她興奮地翻著，一張獎券就那樣從書中掉了出來。

「真的中獎了哦！」售書小姐顯得比她還開心，接著從櫃檯下拿出她的中獎書，「這是您的中獎書，拿好哦。」事實上她拿到的根本就不是什麼中獎書，而是季騁事先準備好的專為蔣姿蘭訂做的漫畫書，書中記錄了兩人相識以來的點點滴滴。

第一次相親見面，第一次去看電影，第一次一塊去喝咖啡，每一次每一次的見面，以及每一次季騁的心情記錄，正是靠著這本愛的漫畫書，季騁最終抱得美人歸。在不久後兩人的婚禮上，季騁還為自己的告白辦法自傲，不僅沒有嚇跑蔣姿蘭這隻熟齡鴕鳥，還讓她鼓起勇氣跟他戀愛，直到結婚。

你喜歡的人是一個什麼樣的人呢？總是有那麼多的鴕鳥，有的人是因為以前受到傷害就不敢輕易的再次嘗試感情，有的人則是因為看著周圍朋友們在感情中不開心的經歷，於是決定讓自己也變成一隻鴕鳥。如果不幸愛上鴕鳥的話，那麼可能你就要格外的辛苦了！就算想讓他（她）知道你的心意，也是一件不容易的事情，太迫切可能會嚇跑了，什麼都不說，可能這胡思亂想的小鴕鳥會覺得你根本對他（她）沒意思。這種時候，含蓄的求愛方式可能正是你所需要的，恰到好處的言語既不會嚇跑對方，又給自己留了一分緩衝的餘地，直到對方充分做好了準備。當然，你也要給她（他）十足的信心，讓他不再把頭埋在沙裡，而是可以勇敢的看著你。

Tips：漫畫書使用推廣

故事裡面所用到的方法在很多場景都可以使用，重要的是在適當的時候給對方一個驚喜，漫畫書也可以換成一般的書，但是這本書是你特意著作的，裡面可以記錄你想說給她（他）聽的話，讓他明白你的心意，藉著偶然的中獎的名義，讓他知道你的用心和心意。

重現的電影片段

求愛箴言
如果說不出來，就把愛戀唱成這首歌。

Mike最早認識珍的時候，她還是別人的女友。可是人生總是會這樣，或許你覺得這個人不錯，但卻早已成為別人的someone。雖然Mike深深的愛上了這個女孩，但是他知道，或許他已經永遠沒有機會了，他只能把他的這份愛深深藏在心底，不讓任何人知道。

生活就是這樣，在你以為你已經毫無生機的時候，老天卻總要給予你一線希望。某次聚會，Mike偶然聽到了一些關於珍的消息。

「真可憐，都快訂婚了，男友居然劈腿！」

「是啊，珍那麼好的女孩子，你看她最近都不出席我們的活動了！」

「大概是覺得丟了面子吧！傳說現在這一個，還不如珍呢！」

在某個熟悉朋友的婚禮上，大家藉著興頭便說起了珍最近的遭遇，解釋她為什麼都不會出現的原因，原來是被劈腿男友給甩掉，Mike眼前突然浮現出珍以前跟男友相處的種種甜蜜，如今突然發生這樣的變故，不知道她會傷心成什麼樣子。

他突然很想見她，很想知道她過的好不好。他想她失戀，不再跟以前的男友在一起，或許他有了機會。可是要怎樣才能讓珍知道他的心意呢？雖然他們認識已久，但是卻始終停留在一般朋友的階段，又怎樣能夠爭取機會安慰這個女孩，讓他表達愛意，同時贏得美人歸呢？

Mike的腦子裡千迴百轉，各種不同的想法一直不停的冒出，打電話約吃飯？pass！萬一珍沒興趣怎麼辦？直接表白？萬一珍被嚇到怎麼辦？再說Mike自己也不善言語，讓他跑去跟人告白，恐怕只會失敗沒有成功。怎樣才能既能讓珍明白他的心意，又能給對方留下好的印象，讓他有希望再進一步？思來想去，Mike決定制訂一個詳細的表白計畫，以最高的效率達到自己的預期。

Mike打聽到珍很喜歡電影《真愛至上》，於是他決定借鑒電影裡面的一個小橋段，制訂好自己的表白計畫，第一步是確定一個特別的日子，第二步是確定珍在家，第三步是Mike拿著自己準備好的道具踏上了示愛之路。

當珍出來開門的時候，臉上還依稀掛著些未乾的淚滴，只見Mike提著收音機，放著那首著名的《I Will Always Love You》手上拿著自己準備好的剪貼板，沒有話語，就這個伴隨著音樂的節奏，一張一張的翻給珍看：

1、最近發生很多不好的事，或許妳會哭泣。

2、但是所有的那些都要過去的，不是嗎？

3、所以現在妳看到我站在這裡。

4、在這個特別的日子，請允許我說。

即將翻到下一張的時候，Mike明顯有些侷促不安。

5、妳是我見過的最美的女孩。

6、也許有一天妳會變老。

7、但是，無論時間跟空間怎麼變，妳永遠是我心中的perfect one。

9、珍，Marry Christmas！

剪輯的恰到好處的音樂，在Mike的剪貼板落下帷幕的時候也順利的停了下來，Mike提起了收音機，準備離開，而珍卻叫住了他，給了他一個大大的擁抱。

接下來的交往顯得順理成章，珍的失戀給了Mike一個全新的機會，Mike的表白又給了兩人一個好的契機。你知道，示愛其實也不是那麼難！一個小小的方式，贏得的，是兩個人的幸福。

你喜歡的人不一定總是你熟悉的人，有時候愛上一個人沒有原因，沒有道理，就是那麼短短的一面或許你深深的愛上，或許你對他並不瞭解，如何才能打破僵局更進一步呢？打破冰山的第一步，重現上面的經典橋段或許是一個不錯的選擇。或許你們並不熟悉，當你提著收音機放著與愛有關的歌曲，拿著認真做好的寫著你的想法的剪貼板，沒有女生會認為這樣的事情不是浪漫吧！這樣浪漫的表白，換來對方的真心和好感，何樂而不為呢？

當然使用這種方法的時候，要充分瞭解對方的喜好，如果對方壓根對這部電影沒有任何的瞭解，那麼你的小小花招也就只能是白費心機了！當然這只適合用於那些比較現實的場景，倘若你若試圖將不可能的電影告白場景重現，那也是不可能完成的任務。最重要的是瞭解對方，貼近現實，找準時機，驚喜進攻，相信你的深情告白，最終一定能有所收穫！

四十四杯橙花的記憶

求愛箴言
看見他的時候，要想辦法被他看見。

倩如是個平凡的女生。按朋友的話說，就是那種出現在任何地方都不會引起注意的人，如果是在某個party的現場，那麼可能倩如的出現跟離開，都不會讓任何人察覺得到。

工作平凡，長相平凡，但是平凡的倩如，也有著屬於自己的不平凡的愛好，比如她的閒暇時光，很愛坐在一家名叫「過客」的夜店，一個人默默的點上一杯Orange Blossom，安安靜靜坐上許久，然後離開。之所以會一直來這家店，她埋藏在心裡的祕密是，這家店裡有個很棒的調酒師。她知道一見鍾情很可笑，也沒有人會相信像她這樣循規蹈矩的國小數學教師會暗戀夜店的調酒師。

連續第二十次的週末，倩如照例坐在吧台前的小角落裡點上Orange Blossom，她安靜的看著他忙碌的為客人調酒，今天她遇見不開心的事，所以坐在這裡，看到他，就算是一個人安靜的喝著Orange Blossom也會覺得快樂。不知不覺，就有些醉了，倩如拿了8000元放在酒杯下。

「小姐，」他叫住了倩如，「只不過是Orange Blossom，不用這麼多。」

她顯然也是被嚇到，突然被自己暗戀的人叫住，倩如只覺得自己的心都快要跳出來，可是她自己卻醉了，接下來說了什麼做了什麼她都不是那麼太清楚。

他告訴她六杯Orange Blossom只用九百六十元就好，不用這麼多，他試圖拿錢找零給她，卻被她拒絕，她說餘下的也就折算成Orange Blossom好了，反正她總是要來點一杯，「剛好四十四杯，所以我還可以來消費四十四次。」以後每次她都會點上Orange Blossom，在那四十四杯裡面一次次的扣除。他每次看見她來，也會刻意的跟她聊天，知道她叫倩如，知道她是數學老師。在四十四杯Orange Blossom還沒有耗盡的時候，倩如終於等到了她想要的答案，他說他愛上了她，從她常常一個人坐在那裡安靜的喝著Orange Blossom開始，當倩如靠在這個自己愛戀已久的懷抱時，她想，藉著四十四杯橙花，她終於，贏得了自己的愛情。

如果你一見鍾情，卻又不認識對方，怎麼辦呢？如何打開僵局是陷入此種情形下的你應該首先考慮的問題。只是一個偶然的遇見，然後他（她）走開，你或許連他（她）的名字都不知道。

首先要做的第一步就是了解到這個人是誰，有些什麼樣的愛好。第二步，就是引起對方的注意，給對方留下良好的印象讓對方知道你。第三步是認識後的慢慢接觸，在這個過程中不妨保持點神祕，讓對方對你有所好奇，想慢慢的瞭解你，製造更進一步認識和瞭解的機會。

有時候我們必須要兵行險招，出其不意才能克敵制勝。示愛也是這樣，就如同故事中的倩如，如果不是這四十四杯橙花，或許她就不能為自己製造契機。出其不意的過程中必須要注意的是，你的方法必須適當，太過就會為你的示愛失敗埋下伏筆，比如說對方明明對花粉過敏，你卻堅持每日送上一束花。如果你一見鍾情，記得引起對方的注意，留下美好的印象，示愛也要慢慢來，天長日久，你必能最終讓對方瞭解你的心意，贏得自己的happy ending。

貓緣

求愛箴言

你是敏感而幼弱的心，卻贈予我成串的歡喜。

這是一次海外留學生們的聚會，來自全世界各個地方的中國人，不管是台灣還是香港，或者是澳門還是大陸，聚集在一間小小的房子裡。

因為這是農曆的中國新年，不能返回家鄉的留學生們自發組織了一個小小的聚會，熱騰騰的餃子和大紅的彩帶還有倒貼的「福」字裝飾了這個遠在異國他鄉的小房子，大家熱鬧地湊在一起，聊著自己在國內的生活，在國外的感聞，氣氛很是熱鬧。

可是在一個角落裡，有一個瘦瘦的女孩子，始終覺得與這歡欣熱鬧的氣氛格格不入。她不愛人多的嘈雜，越是人多的環境，就越讓她想起家裡過年時濃濃的親情，沒有親人的陪伴，再熱鬧的氛圍也只能更加增添身在異國的孤獨感。

目光流連過香氣四溢的餐廳，歡聲笑語的客廳，突然，角落裡一個背影吸引了她的目光。在客廳的一隅，一個穿著淺色毛衣的男生蹲在那裡，手裡一直舉著一個小小的食盆，走近一看，一隻貓咪正在舔食著牛奶，幾隻毛絨絨的小貓依偎在母親懷裡。

「太可愛了！」她驚呼，伸手想要摸一摸小貓。

「住手！小姐。」正在餵貓的男生捉住了女孩的手，「牠已經很驚恐了，請妳讓牠安心吃點東西吧！」男生示意女孩看看老貓，果然，老貓已經站了起來，警惕地望著女孩，那瘦弱的身體看起來非常脆弱，警惕的眼神卻表示牠可以為了小貓發動一切的戰鬥。

「哦，真抱歉。」女孩訕訕地收回了手，看著老貓慢慢躺了回去，繼續舔食男生手上端的牛奶，目光卻怎麼也離不開那些毛絨絨的、打著細小呼嚕的小貓咪。直到男生餵完了老貓，女孩還是保持著那姿勢，目不轉睛地盯著小貓。

「小姐，妳很喜歡貓嗎？」男生看著女孩癡迷的樣子有點好笑，在這個熱鬧的客廳裡，還真沒有多少人注意到客廳角落的這窩貓咪，更別提像女孩這樣蹲下來就不動了。

「是的。這是你的貓嗎？」女孩頭也不回地說。

「不，是房東太太的，她去東海岸看親戚了，所以請我照顧一下。」男生笑了笑，突然說：「妳喜歡嗎？可以和我一起來照顧牠們。」

「真的嗎？我可以經常來看牠們？」女孩驚喜地回頭，卻發現男生笑得有那麼一點狡猾：「嗯，妳經常過來可能不太方便，如果妳是我女朋友就好了。」

女孩側著頭想了想，說：「好啊！」

很多年以後回想起初識的情形，老公恨鐵不成鋼地問老婆：「妳當年真的很傻啊，我就那麼一說，妳連我叫什麼名字都不知道，居然就答應了，妳在想什麼啊？」老婆淡淡地笑：「可以舉著盆子餵貓那麼久的人，心地肯定很善良，那就很好啦。名字什麼的，好像都不重要吧。」

初識就是這樣，真的就是那樣一瞬間的感覺，他（她）一定有什麼特質吸引到你，於是，嘈雜的環境變得溫馨，平靜的心湖泛起波瀾，趁著那蕩漾心湖的感動，你想讓他知道你深邃的感受，可是如何表達呢？就如同上文中的主角，藉著寵物製造的巧合不妨是表達愛意的一個妙招，投其所好，透過寵物製造機遇而結識，進而表達你的愛意，陷入初戀的你，趕快行動吧！

MSN顯示名稱的祕密

求愛箴言

我們一起去休假吧，讓我的左手和你的右手談個戀愛。

一杯咖啡喝完，穎若的胃又開始隱隱作痛。並非是害怕也並非是氣憤，相反地卻像是一種茫然，像是力氣瞬間都被抽光了，只是渾身發軟。她不是完全沒有思想準備，好久之前便傳得沸沸揚揚，說上面打算抽調另一組人馬過來幫忙。說是幫忙，人人心裡都十分明白。畢竟IPO專案最具有戰略資源性，只要成功之後幾年內的審計就算全拿下了。

助理Vivian對此頗不以然：「突然空降，簡直比第三者插足更可恨！」

穎若沒有安慰她，事實上她自己也覺得震驚。

十點整的時候Partner帶著其他高級經理出現，穎若與同事起立歡迎。Partner是個馬來西亞裔老頭，一口流利的英文帶著東南亞特有的口音，向他們介紹自己身後的大隊人馬，尤其是為首的那人：「Mr. Wang。」

高大挺拔的男子向她伸出手，聲音低沉悅耳：「王謙。」

穎若不由得感嘆自己命苦，兩個人曾經分屬於不同的公司，經常會為了不同的專案槓上，正所謂冤家路窄，好巧不巧，現在又要一起共事。

彷彿硝煙瀰漫針鋒相對，其實也只是暗流洶湧。畢竟大家最後的共同目標還是一致，而王謙能力卓越，做事情一絲不苟，漸漸覺得服眾。慢慢的相處下來兩組人開始真正的成為一家人。

有天晚上在企業現場做審計，加班又到深夜，人人臉色慘白雙眼通紅，穎若便覺胃痛發作，喝了一杯咖啡又一杯，彷彿只有藉著那點熱量，可以把胸口的痛意壓下去。

不期然的卻有外賣送來了粥，王謙似是隨意，將一份元藿瘦肉粥遞到她面前：「吳小姐。」

穎若很客氣的道謝，勺子裡的元藿細嚼有苦味，穎若一口口咽下去。不小心被分配到她不喜歡的粥，她素來怕苦，元藿的味道讓她覺得每一口都咽的無比艱難。

直到她因為生病住院，天天被逼著喝表姐送來的元藿，她才知道他的用意。

重新上班穎若螢幕上的MSN，王謙的頭像是灰的，顯示名稱卻是不知所云的一句話：「台北已經是夏天。」

台北已經是夏天？

季節更迭，辦公室裡卻永遠由中央空調控制為23℃，天花板上的白熾燈亮得日夜不分，穎若永遠穿裙子，披件薄薄的羊毛外套。外面是什麼季節，她早就不知道。

她回頭看了一眼近在咫尺的王謙，他正在專心講電話。她想了想，不知怎麼竟想到了他送的粥，於是把自己MSN上的顯示名稱改成了，「元藿其實挺好吃。」

王謙仍是離線狀態，可是沒過一會兒，他的顯示名稱竟然改成了：「胃病不宜吃甜粥。」

沒想到他竟然在線上，也沒想到他會特意解釋，她有一點窘，也有一點樂，就像小時候和小夥伴住在一棟公寓裡偏還要打電話，而現在明明近在咫尺，卻藉著MSN的顯示名稱來遙遙相對。她抬起頭來，他正好轉過臉來，對她微笑。

從那天起穎若更加留意，常常看看他的顯示名稱。忙起來昏天暗地，她的顯示名稱是「越戰越勇」，而他把自己的顯示名稱改成「無往不勝」，這八個字配在一起令人精神抖擻，幸好誰都沒發現他倆的小祕密。

新專案結束簽字的那天正好是王謙的生日，大家借機起鬨要王謙請客，連Partner都跟著湊熱鬧，王謙自然爽快答允。

工作算是圓滿結束，每個人都有一種如釋重負的徹底放鬆。自助餐果然吃得很飽，席間Vivian半開玩笑般向Partner要求休假，被Partner慢條斯理的駁回，馬來西亞老頭一個詞一個詞往外蹦中國字：「結婚，可以。生小孩，可以。生病，可以。休息，不可以。」

Vivian卻轉過臉來，望著穎若，樂呵呵的學著Partner的語氣：「結婚，可以！生小孩，可以！越戰，越勇，無往，不勝！」

沒想到那點小祕密全被大家看在眼裡。

穎若喝了一點點紅酒，不知為什麼卻有了薄醺的醉意，雙頰發熱，竟然有點心虛的不敢反駁。也許動過一次手術後，她的胃終於開始吸收酒精。

吃完自助餐出來，天早就黑了，這城市夜色最美，瓊樓玉宇，燈光璀璨。穎若立在街邊等計程車，沒想到王謙從地下停車場開車上來，就停在她身旁。

兩個人在路上都沒有說話，彷彿語言已然多餘。

他伸手握住她的手：「妳想休假嗎？」

「嗯？」

他說：「我想休假了。」

穎若微笑，笑著答應他的邀約，只覺得台北的夏天真的是一個美好的季節。

在遙遠的年代，表達愛意的方式別無選擇，但是到了網路橫行的今天，相信我們要表達自己，尤其是想要向對方示愛，網路一定能有不小的作用。愛並不一定要當面說出來，藉助網路，MSN的顯示名稱，都是一個不錯的選擇，藉由網路通訊工具把你的小小心意暗藏其中，讓對方感受到你的關注，相信你的這份溫柔和細心一定能漸漸融化他（她）的心。

並不是每個人都適合炙熱而濃烈的感情，對症下藥最重要。如果你喜歡的人是一個含蓄的人，透過網路表達你對他的關心和情意，天長日久，對方一定會感受到你的真心誠意，不僅如此，如是方法也能緩解當面示愛所帶來的尷尬，一點點小心思和一點點小祕密，有心之人又怎麼能不看見？

愛要愛得巧

求愛箴言

你這個世界上普普通通的人，卻是我一整個特別的世界。

洛捷第一次遇見蕊蕊是在表妹的婚禮上，他是女方親友，她則是男方好友。常見婚禮上總是會有伴郎擋酒，表妹的婚禮倒好，承擔這項任務的是個女生——蕊蕊。兵來將擋，水來土掩。這一天的婚禮上，試圖惡整新郎新娘的想法沒有實現，倒是這個男方好友喝滾了整整一桌人。那時候蕊蕊就給洛捷留下了深刻的印象。他心想，這個女孩真不一般。

第二次看見她的場景更是搞笑，他買完宵夜回社區，赫然發現一個打扮整齊，踩著七吋高跟鞋的女孩在社區狂奔，一邊跑還一邊喊：「不要跑。」全然不顧自己的形象，第二天看了報紙上寫「俏女郎擒飛賊」，附上一張女生狂奔的照片，他才知道原來是在婚禮上有過一面之緣的她。

第三次見她則是在超市，她結帳。他也結，正好他站在她的身後，她卻一直和收銀小姐糾結，「對不起哦！」弄清她的集點後，她扭頭對他說抱歉，不好意思耽誤他的時間，一抬頭卻發現似曾相識，

「你不是……那個……」

「是啊，我是小柔的表哥，我們婚禮上見過的。」他笑著解答她心中的疑惑。

「對哦！對哦！」她也笑，一塊提著超市購買的物品回家，原來兩人住同一個社區，兩幢樓隔著一條社區馬路。

每一次見她總是會有有趣的事發生，洛捷在心裡回想起看見蕊蕊的每一次不禁有了笑意，擋酒、抓飛賊、跟收銀小姐討論集點，不知道接下來還會有什麼事發生。他有些期待，滿腦子裡飛過的都是她的影子，每一天回家進社區，都會有想和她偶遇的想法，他想他應該是愛上她了。愛上了這個有點狂野並不淑女的女生。

可是怎麼樣才能讓她知道他的心意呢？

「嗨！」她下班回家帶著自己心愛的哈士奇散步，他也牽著嬌小可愛的吉娃娃出現，女生牽大狗，男生牽小狗，畫面看起來生動有趣。

去吃社區邊那家有名的餛飩店，不期然的也會遇見他，原來他們口味也差不多，這家店都是他們的最愛。

朋友給了她票去看她喜歡的暗戀桃花源，坐在她旁邊位子的居然也是他，「這麼巧，」他笑，「是啊。」她也笑，卻覺得兩人真的是有緣的奇妙。

遛狗、宵夜，再加上不時演出的偶遇，又住在同一個社區，漸漸的就熟悉起來，甚至偶然她出差，都會拜託他幫忙照顧狗兒，反正住的這麼近，她出差完回來想要領回狗狗也比較容易。

洛捷正如自己所希望的一步一步離蕊蕊越來越近，他知道她善良純真，知道她的活潑可愛，原來埋葬在自己心中那份淺淺的愛，變得越來越深。他終於在情人節的前夜藉著花前月下對蕊蕊表白，出乎意料的順利，蕊蕊幾乎是不帶任何猶豫的就同意了洛捷的追求。

「想想我走到什麼地方都遇見你啊，我很相信命運的，我們這麼有緣，愛好又這麼相同，有什麼好猶豫的啊。」蕊蕊當時這麼回答他。

洛捷卻暗自在心裡竊喜。

吉娃娃？知道她養狗，他刻意去買了一隻，並且打聽好她遛狗的習慣跟地區，每一天，當然會遇見啊。

餛飩店？當然他也是習慣。只不過在有心追求她之後，他改變了去吃宵夜的時間，所以她總是能夠一次又一次的在那個相同的時間和地點遇見他。

坐在旁邊的票？當然坐在她旁邊的是他啊！因為兩張票都是他買的，然後求了求表妹夫，託了她的某號密友送給她。

其實哪裡有什麼巧合。一切都是洛捷製造出來的，目的就是最後讓他能夠走進蕊蕊的生活中，最後能夠示愛成功，贏得她的心。

原來製造巧合，都是為了讓你愛上我。

最難的並不是說出那句喜歡的話，而是你讓對方知道你的心意卻又不會被對方拒絕。所以很多人猶豫，很多人開不了口。其實只是怕拒絕而已，他們脆弱而敏感，覺得說出來倒不如假藉著朋友身分一直潛伏的好。

這樣的蹉跎，說不定到最後只得看著自己的意中人成為別人的心上人，你只得一個人獨飲傷心。又或是在她跟男友吵架鬧矛盾時，你還得站在朋友的立場忍著心酸，盡心開導。何必呢？何必這樣為難自己呢！

示愛也是一門藝術，為什麼要只是傻傻的站在那裡而不行動呢？適時的製造一點巧合，讓他（她）對你留下美好的印象，繼而再表達你的愛意，相信這樣的前提，失敗的機率將會被降到最低吧！男士製造巧合，要在女士面前展現自己溫柔體貼的一面。女士製造巧合，要讓對方看到妳的賢慧善良。

Tips：製造巧合小訣竅

1、在他（她）身邊埋下間諜。神不知鬼不覺的收買到他（她）身邊的好友，即時獲得關於對方的情報，是製造巧合獲得成功的關鍵所在。

2、順著她的愛好製造巧合。如果她愛好看電影，那麼就在電影院偶遇，甚至於是某次她選擇的旅行你也可以透過內線，調好時間跟他（她）報同一團。

3、注意偶然出現的儀表，談吐舉止。切不可有失禮行為。

敢愛就要敢冒險

求愛箴言

人生就是需要一點點冒險，示愛也是一樣。

佳妮跟阿威，一個左手邊，一個右手邊，住在同一個樓層的對面，早上上班一打開門就常常可以偶遇到對方。

開始的時候是伴隨著靦腆的笑容，在都市獨居的兩個年輕人笑容之外會開始有更多的接觸，在某次吃宵夜偶遇之後，在某次佳妮出差拜託阿威幫她照顧家裡的綠色植物開始。

莫名的情愫開始在兩人之間滋生，於是決定開始有更進一步的交往。其實佳妮從來沒有想到他們會發展得那麼快。

阿威是個行動行事實際的人，不易衝動，永遠不可能有衝動浪漫的作法，而佳妮卻是個徹頭徹尾的浪漫主義者，凡是都要講情調，講浪漫。

兩個人的交往還得從夜市事件說起。阿威知道佳妮有個壞習慣，一旦遇見不開心的事，就會自己一個人悶在家裡做手工，這天他敲開佳妮的門，發現她又在一個人悶悶不樂做手工，當機立斷的抱了一堆她的手工作品跑到了黃昏市場，在兩個小時內把精緻的作品賣的一個都不剩，共收入六千多元。

「喏。」他分了三千給她。

「嘎？」她仍在傻眼中。

「販售妳的不開心所得。」他拉住她的手，往另一條街道走去。

她張口結舌，好不容易才發出聲音：

「我允許你賣了我的東西了嗎？」

「剛才妳也沒反對的樣子嘛。」面對她的質疑，阿威一點抱歉的意思也沒有。

「我不知道你會做這種事！居然販售我的作品——」

平日裡作風嚴謹的阿威突然回身看她，淡道：

「妳的作品記載的都是妳的傷心事。老擱在那兒，看著惦著，只會讓心情更鬱悶，沒有遺忘的功能，反倒有礙健康。我賣掉它，有什麼不對？」

「你憑什麼代我決定？」她質問，不肯再走。

他也不強拉她走，反正第一個目的地已到——花店。他掏出錢買了束自情人節過後，身價迅速跌落海溝裡的花。

「多少錢？」他指著一大束白玫瑰問。

「三百塊。」老闆殷勤地包裝好奉上。

接過美麗的白玫瑰花束，他往她懷中一塞。

「喏，送妳。」

不是沒人送她花的，只不過從沒有人會用這種粗魯的方式硬塞。

「我不——」才不要收下。

「瞧，這花多襯妳。把不開心換成香花，人生也就美麗多了，不是嗎？」

她握緊了花，冷道：

「我不喜歡花！」討厭他這麼粗魯的行為，所以討厭他所送的一切東西。

阿威不語繼續拉著她走。

買了一條素白的絲巾——「妳不喜歡絲巾。」

買了一頂小圓帽，白色的——「妳不喜歡帽子。」

買了一把五顏六色的氣球——「妳不喜歡氣球。」

最後，坐在一攤拉麵攤子前——「現在，我們來吃一碗妳不喜歡的拉麵吧。」

「你又知道我不喜歡了。」，她討厭他幫她命名的這些不喜歡，他又不是她肚子裡的蟲，他為什麼會知道？

「你這是在做什麼？」她氣惱地問。

「做一切妳不喜歡的事。」

「這樣到底有什麼意義？」

熱呼呼的拉麵已端來，在盛暑的黃昏吃這種食物，有著挑戰中暑極限的快感。

「吃吧！」他扒開免洗筷，率先大吃起來。

「我哪吃得下？」

「不吃哪來的力氣吵架？」

「我才不想與你吵架！」她要走人了。

他堅定地按住她肩膀，並接過她手上一大把東西往旁邊一擱。

她氣紅了臉，卻又礙於大庭廣眾之下，她向來斯文，哪裡允許自己在公共場合發飆。

幾乎是粗魯的，她大口吃麵，用以洩憤。

「吃慢些，細嚼慢嚥，保重妳的胃。」

哼！不理他。呼嚕嚕地，完全不似平日裡她的形象，麵條三兩下就被消滅掉。

阿威不由得笑了出來，由她去。與其躲在家裡自傷自憐，還不如讓她生氣發洩出來，這樣比較健康。

「吃完了，可以放我走了吧？」真是遇到煞星了，由著他這樣擺佈。

付完帳，他再把一大堆東西塞回她手上。

「拿著。」

她強烈的拒絕。

他完全沒有紳士風度的硬塞給她。

「你憑什麼代我決定？」她惱怒。

不由分說，他拉著她手腕繼續向前走。

「你——」她突然有些惶然：「你還想怎樣？」

「我想怎樣？」他拍了拍口袋：「我們去把妳的不開心花乾淨吧！」

哦！老天。他瘋了，而且是當真的。

三千元雖然不多，但在他專挑便宜的東西買的情況下，往她身上堆放的東西肯定沉重到雙手非斷掉不可。

她想逃，但他可不放。

「夠了吧？」她沉聲問，醞釀著砸他的時機。

「這個階段，夠了。」

「那我——」很好，他死定了。

阿威眼疾手快的阻止她的動作。

「妳可以砸我，連妳的所有『不喜歡』一起砸過來。然後——」他笑笑，很溫柔地道：「別再哭了。」

他放手，很認命地等待。

她丟了，一件件向他丟過去；就像眼淚一顆顆直掉——

胸口苦澀難忍，之前的怒火全化為酸楚的波浪——

「我不喜歡你的品味！」丟小圓帽。

「我不喜歡你的無賴！」丟絲巾。

「我不喜歡你的多管閒事！」丟科學麵。

「我不喜歡你的自以為是！」丟滷味。
「我不喜歡這可惡的一切！」丟蜜餞。
「我不喜歡、不喜歡……」丟了花束、丟了糖果、丟了所有飾品，她全身發抖，虛軟無力地跌坐在地，那些不開心的事似乎就真的沒了蹤影。
他由著她哭，蹲在她面前，摟住她，輕柔地解開她手上的氣球，

怎樣才是成功的示愛呢？你聽人說過，也看到過許許多多的方法，大部分不外乎堅持啦，努力啦，送對方喜歡的禮物投其所好啦，可是沒有想到的是，來一次對方從未想到過的冒險之旅或許也是有個不錯的選擇。一如故事中所提到的這對男女。沉穩的男生和浪漫的女生的結合，正是男生決定幫女生賣掉傷心的舉動，更好的贏得了對方的心。一個說我愛你，不是一切遷就對方那麼簡單，更重要的是，弄懂對方的心，讓她開心。

Tips：冒險行動運用準則

1、不可在認識之初使用該方法，那樣會被認為是很失禮的行為。
2、冒險也必須被控制在一定的範圍內，一不小心踩到了對方的地雷區，結果可能是求愛不成反被雷劈了。
3、展示心意最重要。最重要的是讓對方知道你的心意，必須跳脫我們平日生活軌跡的冒險行為會更加凸顯這一心意。

平凡而特別的禮物

求愛箴言
禮物總是送給特別的人。

耶誕節最開心的事情是什麼？當然是拆禮物了！拆開鮮豔的包裝，如同打開潘朵拉魔盒，誰也無法判斷裡面裝了什麼驚喜，就是那一刻的突然，最叫人著迷了。不過嘛，比如琪琪送的禮物，對於司語來說，一點驚喜都沒有。

每年耶誕節，琪琪都會送一張賀卡給司語，有自己做的，路邊攤買的，後來有了音樂的，有香味的，立體的，各種各樣，但是都是——賀卡。

琪琪是司語從小一起長大的好朋友，比死黨還要死黨，哥們還要哥們。跟琪琪在一起的時候，司語總是心情最輕鬆的，這也許就是好朋友間才有的氛圍吧。

不過琪琪挑選的禮物嘛，司語只能翻白眼，看看班上其他的女孩挑選禮物真是心思百般，什麼皮帶啦、錢包啦、玩偶啦……花樣多得很，只有琪琪，十多年如一日地堅持給司語送著賀年卡片。是從什麼時候開始呢？嗯，好像是國小老師要求大家自己製作賀年卡片開始，然後每年都會收到琪琪的賀卡。

賀卡拆開了，跟往年的音樂賀卡、立體賀卡相比，這張賀卡感覺嘛，有點特別，因為太平凡了。

就是一張普通的明信片，後面只簡單地寫了一句「Merry Christmas」，字比較少一點，樣子比較平凡一點，乍一看沒什麼，可是多看幾眼，特別之處就出來了。

往年琪琪送來的賀卡，不管是手工的，還是音樂的，立體的，都很精緻，有好多甚至司語從來沒有在市面上見到過，有一張音樂賀卡，裡面的歌曲是司語最喜歡的英文老歌《加州旅館》，而不是什麼聖誕歌、福音歌。內裡總是寫滿了字，祝福司語長高、更帥，還借機小小敲詐一下司語，提一兩個小小的要求，看起來，就像琪琪在耳邊嘮叨一樣。而且，每次元旦的時候，要是不滿足琪琪的願望，肯定會被追出一條街去。

可是這張賀卡，除了一句冷冰冰的問候之外，其他的什麼也沒有了，連賀卡也是郵局裡販售的最普通的那種，不像琪琪的風格啊。

於是給琪琪打電話：「大小姐啊，是不是我哪裡得罪妳啦？」

聲音停頓了幾秒，顯然琪琪愣了一下：「怎麼啦？目前來說，好像沒有吧。為什麼這樣說啊？」

「唉，每年耶誕節都沒有新意地送我賀卡，我都不跟妳計較了。這次有點過分哦，居然就隨便在郵局買張來敷衍我嗎？連字都不願意多寫！」司語自己都沒有發現這話有點幽怨的意思呢。

「呵呵，還以為你看不出來呢！」琪琪輕笑了幾聲。

「喂，別打算敷衍我，我可是妳最好的朋友呢，耶誕節一年只有一次，妳忘了我們是怎麼認識的了？」

「沒有啊……就是因為我們在耶誕節認識啊，所以我才會每年耶誕節送賀卡給你嘛。」那還是國小時的一個耶誕節，剛搬到附近的琪琪換了新環境，獨自一個人在社區裡玩，是司語主動把她拉進了小孩的遊戲裡，把自己拉進了琪琪的小世界。

也不知道是從什麼時候開始，琪琪發現自己喜歡上了這個愛笑的大男生，也想過向司語表白，不過更怕的是表白之後連朋友都沒得做，還不如讓自己停留在好朋友的位置上。

一晃就是十來年，人生能有幾個十年呢？琪琪累了，父母總是催著她該找個男朋友，不停地給她安排相親，可是每次司語知道了，總是會開她的玩笑，那一點單戀的期待，就這樣在強裝的笑語裡漸漸熄滅。

送一張平凡的賀卡，是想提醒自己，從今年起，不要再抱任何幻想，幻想某天司語會突然發現自己的心意，從現在起，就真正做為普通朋友相處吧。

可是沒想到司語一收到賀卡就打來了電話，平時沒看出來他這麼敏感和細心啊。

握著電話，琪琪也不知道怎麼說，沉默了幾秒，定定心神：「真的沒什麼啊！你不是一直都覺得賀卡太普通嗎？今年就湊合吧，明年開始再不給你送賀卡就是！」因為明年，明年就是朋友了……

話是沒錯，但司語聽著總覺著不是那麼回事啊，感覺怪怪的，心裡很不舒服。

司語是個急性子，什麼事非得弄個明白不可，於是直接把琪琪叫了出來。

琪琪似乎一如既往的開朗，可是說起賀卡的事，她微微皺了皺眉，似乎不願提起的樣子，馬上說起其他的事情岔開話題。司語不依不饒地追問，她卻笑了笑說：「平時怎麼沒看你這麼專心啊，不就是一張賀卡嘛？你喜歡以後還送就是！」

司語也愣了，是啊，不就是一張賀卡嘛？為什麼自己這麼在意呢？因為突然地變化嗎？即使變一下，也還是琪琪送的，是琪琪的心意啊。可是如果變的是琪琪的心意呢？不過話又說回來了，為什麼自己這樣在意琪琪的心意呢？

看著司語沉默，琪琪暗暗嘆了口氣，想說如果沒什麼事，自己就先回去了，家裡還有其他事呢。還沒開口，就被司語捉住了，他看著她的眼睛，認真地說：「我想了想，不是賀卡的原因，是因為妳。賀卡也好，什麼也好，其實都不重要，重要的在於是妳送給我的。現在突然變得那麼不一樣，其實我在意的也是，妳對我不一樣了，所以一開始我覺得是不是哪裡沒做好，得罪妳了。可是現在我發現，似乎不是我哪裡做錯了，而是妳哪裡變了。如果需要我適應，我願意去改變，可是，我不想失去妳……」

不知是有意還是無意，司語把後面半句「這個朋友」，咽了下去，不過他知道自己的話沒有說錯，琪琪聽完他的話之後，綻開一絲笑容。

彷彿下了很大的決心，琪琪深吸一口氣之後說道：「其實我一直沒有把你當我的朋友，也不是好朋友。」看著司語驚訝的表情，她無奈地笑了笑：「不知道從什麼時候開始，我發現自己喜歡上了你，可是，你是那麼優秀，那麼好，而我只是你的一個朋友……」看著司語急迫地準備開口，她趕著說道：「我也想過對你表白，可是，那麼多比我好的女孩子你都看不上，我又有什麼好呢？如果不開口，也許我們還能做朋友，可是現在，也許連朋友都做不了了！」說完立刻站起來，也許只有立刻離去，不去看司語的表情，才是此時最好的選擇。

可是她的手被拉住了，司語帶著微微的驚喜和些許的困惑看著她：「我不知道怎麼形容。說實話，我應該很吃驚我的好朋友原來對我不是單純的友情，可是，我竟然覺得有那麼點高興的感覺。而且，呵呵，越來越高興。」

琪琪看著他，好像看到一個外星人一樣，這個時候，他不應該是這個表情啊，或者冷漠一點，驚愕一點，怎麼也不該是拉住她露出一副驚喜的表情，還對她說聽到這樣的話很高興。難道……琪琪心裡升起了小小地期待，畢竟哪個女生都希望自己單戀的人在聽到表白後也對自己有感覺啊。

司語調皮地望著琪琪眨了眨眼睛：「耶誕節一過，就是新的一年了，妳覺得我們用新的關係相處一下試試。怎麼樣？」

真的？真的是自己單戀的司語對自己回應了嗎？直到司語用屬於情人間的親暱

牽起琪琪的手，她依然覺得難以置信。

所謂單戀，是一場屬於一個人的愛情，是一場獨角戲，是漫長而無止境的等待。等待、守望、陪伴……這一切孤獨的辭彙都可以形容單戀。結束這等待，與自己單戀的人共譜戀曲，是每一個少女的夢想。那麼就行動起來呀，讓他知道你為他做了多少，等了多久，夢得多深。就像琪琪每年送給司語的禮物一樣，平凡而特別。

說平凡，只是一張小小的賀卡，可是每一張都是琪琪用心去為司語收集來的，這樣的禮物，是專為他而覓得，是你們專屬的，無可模仿和替代的特別。不過別忘了，再特別的禮物，也要讓他能感覺到，適當的時候提醒一下，就像眾多鮮豔繁雜的賀卡裡那一張普通明信片的不協調，讓他能有所警覺，別讓你的等待與守望成為漫長的馬拉松。

第三章　求愛細節主義

常常會在生活中傾聽到各種戀愛心情，「上街的時候都不會記得主動幫我提一下重的東西」、「自己一忙的時候就忘記我的存在了，哼，還說喜歡我呢！」……女孩子們總是不停抱怨著男生們的不溫柔、不體貼，男孩子們卻不停抱怨著女孩子的不諒解、不可愛。求愛細節主義，是每個人都應該信奉的邏輯，做好細節，表達情意，相信讓她（他）知道你的「愛老虎油」絕對不是玩玩而已。

為我的心意做你的小事

求愛箴言

那些最打動我的場景，發生在我看得見你的地方。

Anna與阿Ken在一起打破了所有人的眼鏡。不是傳統觀念上的郎才女貌，而是一個美女與野獸的組合。Anna身邊的追求者眾多，也不乏許多優秀的男生，但她卻最終選擇了並不出眾的阿Ken，最後兩人終於在一起的時候，就連阿Ken自己都有些不敢相信他真的能夠抱得美人歸，畢竟，Anna的優秀是大家有目共睹的。

某日姐妹們的聚會上，大家逼問起Anna為什麼會看上阿Ken時，她才娓娓把這個祕密道來。最初相識繞了很大的圈子，一個偶然的聚會，朋友的朋友的朋友，就是阿Ken。大家互留聯繫方式，打個招呼，就算認識了。當時到場的人異常之多，平凡的阿Ken沒有給Anna留下太多的印象，聚會完後，大家便各走各路，連Anna自己都沒有想到後來會跟阿Ken發生這麼多故事。

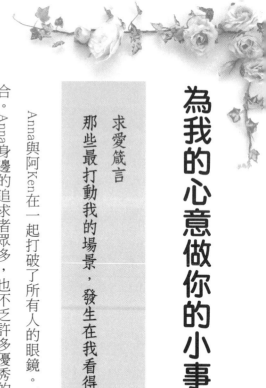

認識後會接到阿Ken的簡訊或者電話邀約，大多數情況下Anna都是拒絕的，工作繁忙是一方面，另一方面是，她也實在沒有興趣跟一個不太熟悉、沒有太多印象的男生一塊活動。

但是拒絕並沒有嚇跑阿Ken，他仍然會堅持給Anna打電話發簡訊，關心她的工作與生活，沒有表白，沒有那些讓女生覺得心煩的話語，阿Ken既詼諧又幽默，能在Anna最不開心的時候給她安慰，久了便成了習慣。

阿Ken的來電就好像每天要吃的飯，如果某一天沒有接到，反而是Anna會覺得心裡有所失落。兩人透過電波，成了熟悉的陌生人。

這天正好趕上了Anna休息，接到阿Ken的電話，說新開了一家有意思的西餐廳，他想著一個人去吃也很無聊，不如叫上Anna，再說大家這麼久沒見，見見也好，阿Ken說的振振有詞：「怕太久沒見Anna就會忘記了Anna的樣子。」這些日子以來的電波交往，早已成功的讓Anna卸下了自己的心防，面對阿Ken的邀約，Anna欣然前往。

新開的餐廳非常的棒，一流的珍饈一流的口味，最重要的是，跟阿Ken吃飯讓她感到前所未有的快樂，這個男人詼諧幽默，不會讓妳感覺到他的壓力，或許他會對妳有所好感，但是他的好感卻不會造成妳的困擾。就在這樣輕鬆的氣氛中，兩人完成了第一次的約會。Anna為阿Ken所驚嘆，他會注意到很多其他男生沒有注意到的細節，比如說吃飯時會記得幫女士把椅子拉出來，比如說他知道準確持紅酒的姿勢，比如說他會知道某個品牌的紅酒哪一年分的最好，又比如說，他送你回家，也要叮囑妳小心安全。

一切的一切，都讓Anna對阿Ken留下了十足的好感，這個初見時平凡無奇的男生，倒也真的不是她想像的那麼平凡。第二次再見，阿Ken又再次令Anna震驚，工作於時尚雜誌社的Anna最在意的就是男生對時尚的把握，她最喜歡的類型是低調的奢華，而阿Ken的袖口，又再次的讓Anna感受到這個外表平凡的男生也許有顆不平凡的心。

每一次約會，阿Ken總會讓Anna感受到一點新鮮，每一次約會，阿Ken最是會神采奕奕的出現在Anna面前，既不激進，也不羞澀，平平淡淡，一如空氣，那麼舒服的包圍在Anna的周圍，每一次的見面都讓Anna的好感增多一分。一來二往，阿Ken終於在一個適當的時機對Anna表白，最終成功的抱得美人歸。

「細節啊，就是那些細節啊。」Anna對著女性友人們感嘆，「最感動我的是有一次我們去吃霜淇淋，他弄好霜淇淋放在嘴邊吹，我笑他說這又不熱幹嘛要這樣！其實估計他當時也就是下意識的吹了一下，沒想到他跟我說，因為他要把他的熱情放在霜淇淋裡面，當時我就被他折服了啊！再加上一直以來他都表現那麼好！會記得每次叫車幫我開門，每次約會細心的送我回家卻又從不提出過分的要求，所以啊，在我心中，阿Ken是最適合我的那一個人。」

沒有華麗的外表和絢爛的燈光，或許在她（他）身邊的眾多追求者中，你是如此的平凡。有點灰心喪氣，有點不知所措，有點不知道，該如何才能讓她（他）對你有印象，並贏得她（他）的好感。擔心嗎？完全沒有擔心的必要，即使真的沒有華麗的外表你依然有著贏得真愛的機會，在約會見面的過程中，讓對方感受你真誠的心意才是最重要的。在這個階段，無論是你的談吐或者舉止，還是選擇的約會地點，或者是你自己的每一個行為，都對你贏得對方的好感至關重要。就如同上面故事裡的阿Ken，明明在Anna的眾多追求者中是最不被人看好的一個，但是最終卻贏得了Anna的心，這與阿Ken自身的談吐舉止，對約會地點、時間的選擇和把握不無關係，透過細節，慢慢的讓對方瞭解你，細水長流的表達自己的愛意，進而成功贏得她（他）的心。

Tips：

選擇在餐廳示愛時都必須注意的：

1、仔細的檢查你的衣著，是否會是符合她（他）心目中要求的類型。

2、示愛地點也要選擇的恰到好處，溫馨而舒適的地點是最佳選擇。

3、注意不要說錯話，矜持的女性跟幽默的男性無往不利。

4、示愛過程中的每一個細節，如果選擇餐廳男士要記得讓女士點菜，而女士則切記不可吃的過多，注意自己的餐桌禮儀等細節。

愛從牽手開始

求愛箴言

伸出手，就是等一個永遠。

跟周圍的朋友比起來，雲恩看起來絕對是害羞到不能再害羞的一個。宅女兼腐女的雲恩，沒有戀愛過，生活中存在的是各式的同人小說，跟宅女必備零食。好在雲恩貪吃卻並不胖，甚少出門的關係反而讓她顯得更加白皙，不說話的時候，雲恩自然就有著一種柔美而羞澀的情態。嬌嬌小小的她，很容易讓人產生保護慾。可是大宅女兼小美女雲恩，卻沒有任何的戀愛經歷。在她的生活中，有同人小說跟漫畫就足夠，何必弄段愛情來讓自己傷神？眼看周圍的人為愛哭，為愛笑，雲恩卻始終無動於衷。她覺得她很快樂，而且她也只想要這樣的快樂。

有時候戀愛這種事就是這樣，皇帝不急太監急。雲恩快樂地享受單身的同時，身邊一個個找到歸宿的知心好友們一致決定要把雲恩快速嫁出。小美女雲恩啊，怎麼可以就這樣跟漫畫和同人書度過餘生呢？於是知心好友們紛紛出動，開始搜尋起手頭的資源，為雲恩安排各種聚會，打算為雲恩找到她的 perfect one。

遠揚就在那個時候出現，第一次見雲恩，他便有所心動，他喜歡她看起來嬌嬌柔柔的樣子，喜歡她在一群人中不多話的樣子，喜歡她看著他時有點臉紅的樣子，便託人打聽起來，閨中密友們得知後歡喜不已，眾人討論的結果是，遠揚看起來蠻適合雲恩的樣子，於是接下來，就是製造更多的見面機會。開始幾次是一群人出現，再後來，一群人消失，遠揚試著打電話請雲恩與他單獨約會，他有些忐忑，知道雲恩是出名的宅女，不愛出門，尤其不愛跟不熟悉的人出門，他想她到底是在她熟悉還是不熟悉的名單上呢？忐忑不安，打了電話過去，沒想到雲恩真的同意。

他刻意換上了平時不太穿的休閒服，約雲恩一塊去逛同人書店，順便買好了雲恩一直想要的模型套件打算送給她做禮物。一見面，雲恩就覺得驚喜，往常西裝筆挺的職場成功人士遠揚，居然在跟她約會時穿著顯得如此隨和親切，突如其來的模型套件又給了她更大的驚喜，要知道這套海賊王的模型套件雲恩可是垂涎已久，沒想到遠揚早已為她準備好，好感就這樣一點一點的加深，埋在同人書跟漫畫裡的雲恩想，這個男人雖然自己不喜歡卻肯陪我逛書店，也會記得留心給我買我喜歡的模型套件，她悄悄的走在遠揚的身後，心裡的小鼓卻不停捶得咚咚響。走到一個紅綠燈路口即將穿過馬路時，遠揚自然的把手放在了雲恩的前面，兩人的手自然的交疊到了一起，緊緊握住，在遠揚的帶領下，雲恩得意躲過一個又一個的車流，有他的手，就覺得心安，就覺得溫暖。

於是開始展開正式的交往，一年八個月後，雲恩決定跟遠揚走進婚姻的殿堂，婚前單身告別會上，雲恩開始向眾人講述遠揚如何得以征服她的心，逛同人書店的約會是關鍵所在，雲恩說，一直以來她的標準都是一個可以包容加接受她看同人小說跟漫畫並不恥笑她像小孩的人。當平時嚴肅的遠揚穿著休閒裝出現在她面前陪她挑選各種書籍時，她就心動了，更別提那套海賊王的模型套件，她搜尋了許久都沒有找到。後來過馬路時，遠揚伸出手，雲恩也就自然的握住，實際上是遠揚的細心體貼征服了雲恩的心，讓大宅女願意走出宅基地，走進婚姻的殿堂。

如同我們一再強調的，細節！細節！細節！就像這個故事中的遠揚之所以最後會抱得美人歸，依然是他的示愛細節主義。總結起來，該方法可分為以下三個步驟：第一、約會投其所好，選擇對方喜歡的地點或者活動展開，第二細心的為對方搜尋對方一直想要收集的物品，做為出其不意的禮物贈送，第三步也是最重要的一步是，時時刻刻表現對對方的關心，如同過馬路時牽住對方的手。這些的細心和體貼對女性而言，才是最重要的東西。不需要金錢或者珠寶，拿真心換真情，做好以上三步，慢慢接近你意中人的心，最終必將獲得成功。

Tips：細節主義之牽手示愛的三種方式

1、過馬路時，說「快點，紅燈要亮了」，然後自然的牽著她的手過馬路。

2、遇到車流穿梭或者崎嶇不平的地點，自然的伸出手，對她說：「來，這兒危險，請抓住我的手。」

3、人潮擁擠時，對她說：「抓住我的手，否則要走散了」，給她以安全感。

以上巧妙的牽手方式都是在初識時讓對方知道你心意的好方式，倘若對方對你也有好感，那麼將會很自然的達成目的，展開下一波的攻勢，倘若對方在此時對你並無好感，也可以藉由此方法給對方留下良好的印象——人人都喜歡在危險時刻或者人潮擁擠中伸出的手，為接下來的示愛行動做好鋪墊。

小甜品滿滿愛

求愛箴言

我愛你，所以希望你「笑口常開」，所以也希望我們「百年好合」。

與偶然中遇見自己喜歡的人，是幸運亦或是不幸？如果能夠勇敢地邁出自己的步伐，讓對方知道你的心意，成就一段美好的故事，實乃幸運。如果只是把這淡淡的暗戀深深的放在自己的心底，卻始終不曾讓人知曉，最終擦肩而過，真是悲傷。

林奇就走在幸與不幸的十字路口，遇見意中人小箏，卻始終不知道怎樣博得對方的好感，因此備嚐煎熬，渴望一次又一次的見面，想要說出藏在自己心裡的話，卻一次又一次的哽咽在那裡沒有更進一步的表達。

「早安！」每每在公司的遇到，大家點頭打過招呼，林奇再想不出更多的表示，這成了深埋在他心底的一個獨屬於他自己的祕密。漸漸的，他開始覺得不開心。身為辦公室之花的小箏有著眾多的追求者，每天不是A請出去吃飯，就是B請去看電影。林奇知道至少N個男士對小箏頗為欣賞，怎麼辦呢？強敵環繞，如何才能讓自己大獲全勝？林奇想了一遍又一遍，某日看到一篇講訴女性心理學的文章，講到女性對細節的注意，林奇開始暗自留心起來，他希望自己能夠每次都能以最好的面貌出現在小箏面前，希望對方能夠深切地注意到他。時間一長，這一招的確應驗，小箏慢慢對這個靦腆不多話的大男生有了些印象，最終產生好感，在林奇表白之際，小箏欣然同意了林奇的追求。

當然，除了每次都用最好的面目出現在小箏面前之外，林奇也用了一種另類的細節。那就是每次加班時，都記得買一份宵夜送去給小箏。像他們會計部門，每月總有那麼幾天需要加班，每每這個時候，小箏就忙得不可開交，而身在銷售部的林奇，卻沒有這樣的加班困擾，但是一旦遇到小箏的加班日，小箏總是能順利地拿到林奇贈送的晚點宵夜。

最初送的是加班甜點，這道甜點的名字叫笑口常開，用金絲小棗和白糖做成，先把棗核去掉，再把和著麵的糖塞進去，蒸熟了就可以。吃起來，糖是甜的，棗是甜中略酸的，既能在加班時補充一定的體力，又能展現林奇的心意。「笑口常開，笑口常開，如果妳煩了的話，吃了這個就會笑起來哦！」伴隨著每次的笑口常開，林奇還會寫上頗有心意的字條。

有一天的加班宵夜，小箏突然收到她念了很久的過橋米線，湯點尤其鮮美，喝起來絲絲入扣，再加上林奇所附的字條上講訴的那個關於過橋米線的愛情故事。這是一個心疼丈夫的妻子靈機一動想出來的食物：把湯燒好了用碗裝著，澆上厚厚的油保溫，再帶上切得很薄的肉，等找到了夫君，把肉和米線放到碗裡，熱氣騰騰地端到男人面前，看著心愛的人吃得大汗淋漓，女人微微一笑，無限幸福。

「這碗滿載愛情的米線，就如同我對妳的愛，累了倦了的時候，總有我在妳身邊。」看著熟悉的字跡，即使林奇真的沒在身邊，小箏也覺得溫暖，就是這樣美味的小吃跟甜點，一點一點虜獲了小箏的心。

正式跟小箏表白時，林奇依然藉著食物來表白，這次他的選擇是廣東名菜蓮子百合，象徵著百年好合，當小箏坐在那家裝潢精緻的粵菜館，認真的品著這道菜品時，林奇突然牽起她的手，告訴她這個「百年好合」的寓意，「做我的女朋友吧！」就那麼簡單的一句，就那麼些簡單的日子跟菜品，林奇便打敗了眾多的對手，贏得了小箏的心。

怎樣示愛的細節才算好？判斷沒有一定的標準，但是持久的表達你的真心是必須要遵守的準則，所有的關於示愛細節的介紹中，必須要遵守的原則就是持久的表達你的真心，如果你今天讓對方知道你的愛，明天卻又突然冷淡下來，那麼相信你所謂的愛其實一點說服力都沒有，對方也會對你產生懷疑，最終是你的示愛行動沒有達到想要的效果而導致失敗。

持久的表達你的心意，如果可以的話，再加上一點點心意。這樣必定能夠事半功倍。巧借一些食物的名目是一個不錯的選擇，如同故事中的主角堅持不懈的點心，這樣持久的心意表達，這樣用心的選擇示愛的道具，哪能有人不心動。這一招不僅在男追女時適用，就算是女追男，想必在他工作困倦時收到的愛心便當也更能征服他的心。示愛細節主義，持久的表達你的關懷加一點點心意，相信你必將獲得最終的成功。

Tips：食物的愛語

1、提拉米蘇，Tiramisu最早起源於士兵上戰場前，心急如焚的愛人因為沒有時間烤製精美的蛋糕，只好手忙腳亂地胡亂混合了雞蛋、可可粉、蛋糕條做成粗陋速成的點心，再滿頭大汗地送到士兵的手中，代表涵義是「記住我」、「帶我走」、「我愛你」。

2、笑口常開：用金絲小棗和白糖做成，先把棗核去掉，再把和著麵團的糖塞進去，蒸熟了就可以。在對方遇到困難時候，給予對方笑口常開的寓意，讓對方感受到你的真心。

3、蓮子百合：廣東名菜，取百年好合之意，讓對方知道你對他的情意，百年好合，真情永不變。

4、愛心便當：沒有一定之規，各種花式的滿載你的愛意的便當也是表達示愛的不二選擇，一份自己動手精心製作的便當，每一個細節表現的都是你的愛意，還有什麼比這個更能代表愛呢？

生日我們都快樂

求愛箴言

總有那些特別的日子，你記得，我記得，在那些日子裡，我說給你聽，我愛你……

伊恩最近很苦惱，苦惱在於他的意中人即將到來的生日，該送什麼禮物好呢？尚未對對方表白的他，目前只是以朋友的身分游走在Lily的身邊，如何才能藉著生日的契機送出有意思的禮物，同時也讓Lily知道他的心意，完成從朋友到戀人的轉變？

這是個艱巨的任務，伊恩在心裡對自己說，眼看著這個特別的日子越來越近，伊恩卻為如何送出自己的心意而苦惱著，蛋糕嗎？大家已經約好了，一塊送Lily蛋糕。或者買一件閃亮的珠寶首飾？以伊恩對Lily的瞭解這樣的禮物一定會被拒絕，突然出手送出這樣的禮物，只會讓事越變越糟糕。Lily的上一個追求者，就是因為送了太過名貴的禮物而慘遭拒絕。還能怎麼辦呢？

或者約Lily單獨出來替她慶祝生日？這個想法也飛速的被伊恩否決。他知道，目前為止，在Lily心目中，他可能也就是比好朋友更好一點的好朋友，她會把生日這麼重要的時刻留給他嗎？伊恩自己也沒有把握。思來想去，種種的辦法都一次次的被他否決，他不好意思開口約Lily，也想借用Lily生日這個良好的機會表白，當然，他希望他的表白是一帆風順的而不是遭到拒絕的表白。

如何才能完成這個看起來不可能完成的任務呢？伊恩想來想去，最後在一堆報紙中找到了靈感。他決定在生日當天利用報紙對Lily表白。

說做就做。伊恩先選好了從Lily出生的那一年開始，每一年Lily生日的那一天發生的大事，再找到每一年Lily最喜歡的那一份報紙上對這些大事的記載，找到這二十五張報紙，拍照存好，做成一張一張的幻燈片，而把報紙事物裝訂成冊，接下來伊恩去廣告公司訂做了一張今年的這份報紙，頭版頭條是：伊恩的表白：Lily做我的女朋友吧！附上佳人巧笑倩兮的照片，一切看起來都很完美。

生日會當天，一大圈朋友都準時報到，Lily收禮物收到手軟，但是眾人卻遲遲不見伊恩的禮物送出，眾人中早已有人曉得伊恩對Lily的暗戀，於是有人打趣道：「伊恩你還不把禮物拿出來啊，就這樣空手來替Lily慶祝生日，不像你的作風哦。」伊恩卻只是淡淡一笑說，「我的禮物待會你們就知道了。」Lily卻站在眾人這一邊跟伊恩打趣：「安啦安啦！我知道你想省錢啦，沒關係，人來了就好，多吃點、多喝點！」

等到生日舞會即將開始，燈光漸漸暗了下來，眾人即將走入舞池之際，一段舒緩的音樂突然響起來，一張張幻燈片就這樣放出來：

第一張圖是Lily出生該年的報紙，記載著歷史重要新聞的報紙邊，用可愛的字體寫著：「這一年，我們有了Lily。」

第二張圖則是第二年的故事，一張一張的幻燈片播放，Lily長大，每年都有不同的事在這一天發生，歷史與Lily一起成長。

直到幻燈片放到最後一張，出現的是大幅的伊恩的頭版頭條的新聞：「Lily，我愛妳！」音樂在這裡放到高潮，眾人都被這突然出來的驚喜給震驚，同時又不得不為伊恩鼓掌，人群中甚至還有人吹起了口哨。

這時伊恩抱著他早已準備好的禮物出現了，手上還拿著那張他訂做的報紙，巨大的頭版頭條寫著「Lily，我愛妳」。一邊的Lily早已感動得泣不成聲，她沒有想到伊恩為她的生日準備了這麼大的驚喜，放下手邊的香檳酒，她給了伊恩一個大大的擁抱，兩人相擁走下舞池，跳了一曲只屬於自己的浪漫之舞。

細節這個詞，英文的寫法是detail，一些瑣碎的，不引人注意的小事。可是往往就是這樣的小事才能讓人更深刻的感受到你的一片心意，早有女性心理學證明，女人是細節的動物。我們說細節表現愛，但是這樣的細節也是需要人去做，去完成的。示愛過程中的每一個微小之處，都要完美完美再完美。就像故事中的示愛場景。借用一個特別的日子，表達你的愛意。給對方意外的驚喜，禮物是他（她）想像不到的，場景佳，時間佳，氣氛佳，套用一句老話說就是天時地利人和。一切的細節，準備就緒，你也是一樣，你也準備就緒，完美告白就在此刻！細節主義贏得每顆女人心。

Tips1：細節之告白準則篇

1、選擇一個恰當的時間，最好是一個特別的有紀念意義的日子，比如你們第一次見面日等等。

2、地點，氛圍也是不可忽視的。好的環境有助於示愛成功。

3、不可忽視的還有自己的形象，切記告白時出現的你就是她心中所希望的樣子，即使我們沒有完美的長相，但是我們也要有完美的皮囊。

4、注意製造驚喜。如果決定了要製造驚喜，那麼注意控制驚喜的每一個環節，總之一點一滴，讓她感受你的心意。

5、現在已有專門的生日報紙服務提供商，如果你想要使用以上辦法，不妨與他們聯繫。

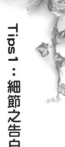

青梅竹馬變身記

求愛箴言
愛是和弦，不是獨奏曲，在那孤獨的愛裡，始終希望能聽見你的愛的回應。

「阿洪，這個週末去打球哦。」好友熱情地邀約，阿洪卻只是微笑著拒絕，「不去了，這個星期要幫小柔補習，她快考試了，我答應她幫她補習到最後一刻！」

「小柔？又是你那個青梅竹馬啊！」朋友打趣，「她不是別人的女朋友嗎？阿洪你這麼認真幹嘛？何況她這麼努力也是為了出國跟她男友會面，阿洪你就早點死心了吧，好姑娘多的是。」

好友的話阿洪卻只是當做沒有聽見，十一年零三十五天，蘇立洪認識何小柔整整十一年零三十五天，身分是青梅竹馬的好哥們，但是埋藏在阿洪心裡的卻是十一年零三十五天的愛。

許多年前的那一天，老媽跟他說隔壁搬來一個可愛的小姑娘時，他就淪陷了。或許沒有人相信在他那麼小的時候遇到一見鍾情的事情，但是緣分就是那麼奇妙，就這樣他愛上何小柔，那個在小時候會甜甜的叫他洪哥哥，長大後很不禮貌的叫他洪大頭的何小柔。

歲月匆匆走過，當年的可愛少女早已是今日的亭亭玉立，有了自己的生活，也有了自己的男友。他陪她度過十一個春夏秋冬，陪她走過開心不開心，就那樣如沐春風般的待在她的周圍，但是她卻對他的愛一無所知。

推掉好友的邀約，週末阿洪準時的到小柔家敲響她的門鈴，卻遲遲沒有人開門，「小柔小柔！」他大聲的叫著，有些擔心——因為這樣的情況以前從來沒有出現過，就算是臨時要取消掉今天的約定，小柔也一定會提前通知他，認識這麼多年，她從來沒有放過他一次鴿子，為什麼會好久都沒有開門呢？

「小柔、小柔！」他的聲音越來越急切，阿洪覺得如果再沒有人出來開門他可能連報警的心都會有了。終於皇天不負有心人，那扇門終於打開，出現在他面前的不是往日那個神采奕奕的美少女，而是哭到眼睛紅腫的苦情女。阿洪手足無措，他向來不知道怎麼安慰女生，何況現在又不知道發生了什麼事。

「這個星期的復習進度怎麼樣？小柔考試就快到了，妳要加油哦！」阿洪隨便說著無聊的話想緩解兩人間尷尬的氣氛，卻不曉得他這句隨便的話反而使得小柔的眼淚如斷了線的珠子一般掉下來。

阿洪有些無語，想想自己剛說過的話，也不知道自己錯在哪裡，直愣愣站在原地，心慌意亂又無法離開，直到小柔把哭泣的緣由告訴他，「他……打電話來……跟我說要分手……他說……我們感情不再……」小柔的話斷斷續續，也讓他知道事情的始末，她哭的跟淚人一樣，木訥的阿洪卻不知道如何安慰，只是默默的遞給她紙巾，陪著她一起傷心，一起難過。

「安啦、安啦。」離開的時候他寵溺的拍了拍認識十一年零三十五天的何小柔的頭，叫她擦乾眼淚，未來的時間還很長，她也一定會找到真正屬於自己的那一個人。

這個人沒過多久就找到，其實就是阿洪，在陪伴何小柔度過那段歲月後，阿洪的身分逐漸升級，最後青梅竹馬成了正牌男友，就算是從小跟他們一起長大的朋友也覺得驚喜——何小柔是出了名的美女，男朋友從來都是風流倜儻，俊逸瀟灑，反觀阿洪，模樣只是端正而已，在人海裡並不出眾，怎麼能入的了小柔的眼睛？

甚至是阿洪自己也不敢相信這個巨大的改變，「妳為什麼會對我動心呢？」在某個氣氛佳、時間佳的夜晚，他有些直接的想要知道原因。

「因為你有別人沒有的東西啊，我失戀那天，你默默的遞紙巾給我，後來你出門，還記得打電話來叮囑我要吃飯，不要胡思亂想……你知道，女人是細節動物，你的細心體貼打動了我。」

事情就是這麼簡單，因為男生的細心陪伴，就算不是帥哥又怎樣，美女又未必一定要搭帥哥，阿洪就這樣贏了小柔的心。

簡單嗎？的確挺簡單的。等你轉身回頭去看那些日子和那些經過的事——其實就是簡單到不可思議。求愛細節主義，就是把我們的追求透過一個個小小的事情告訴他（她）。事情雖小，但是反映的卻是一個人的本質。就如同故事裡面所講訴的，真正感動小柔的，是阿洪的細心，是阿洪陪著她默默的擦眼淚，是阿洪每天擔心她吃不好睡不好，這些細微的事情都只說明了一件事，那就是他對她的愛。有個人這樣愛你，把你放在心裡，還有什麼好猶豫的呢？無微不至，是個多麼貼心暖肺的詞，如果你能夠做到，相信你最終也必將獲得成功。

Tips：示愛細節不可忽視的兩大準則

1、準則一是讓對方知道你時刻把他（她）放在心裡，關心的電話和簡訊都是不錯的選擇，在對方脆弱或者生病時，這招尤其生效。

2、每個人都希望自己很重要，第二準則則是要讓對方覺得他（她）在你心中很重要，一旦他（她）求助於你，或者你知道他（她）有什麼困難，那麼還有什麼好猶豫的呢？盡自己最大的努力幫助他（她），相信你的苦心一定不會白費。

火車站的等候

求愛箴言

在那些寒冷的冬日，只有你是一切溫暖的源頭，有你，便覺得溫馨。

韋恩追到婉若的過程讓所有人都跌破了眼鏡，只不過是韋恩一個簡單的告白，婉若便欣然同意，朋友們質疑婉若是不是決定的太過倉促，婉若卻用一個故事成功的說服大家相信韋恩是她最好的選擇。

事情還得從一年前說起，當時婉若一人北上找工作，拖著大包小包，致電已經在這邊工作的表姐，沒想到表姐卻沒有時間去車站接她，「要不然這樣吧！我有個朋友叫韋恩，剛好他那天有空，我叫他去接妳。」

雖然表姐如是的幫她安排，但是膽小的婉若卻仍然希望是表姐本人親自來接她，「表姐，妳的朋友我都不認識，妳看看能不能挪過來時間嘛。」

「放心啦！」表姐寬慰她，「韋恩是個蠻不錯的人，就算我不能來接妳，他也一定會把一切打點的好好的，妳就別擔心了！我這邊也是實在抽不出空，婉若，妳就原諒表姐這一次吧。」

婉若雖然心有不滿，但是卻只得對表姐妥協，長這麼大第一次一個人獨自外出找工作，來到一個人生地不熟的陌生環境，尤其是她這個大路癡一枚，如果沒有人照應，相信她只得在這個像迷宮一樣的巨大城市裡迷失。

可是卻不知道怎麼了一路走霉運。車行一半的時候突然停了下來，司機告訴大家車的變速箱壞了，可能必須停下來花點時間修理才能重新上路。

本來就有幾分不開心的婉若這下愈發的鬱悶起來，準時到達看來是不可能了，看了看手錶，她想起來表姐跟她說的韋恩到車站去接她的時間，估計這會兒韋恩應該已經到站了，她有些不好意思給韋恩添麻煩，於是便發了簡訊告知韋恩這邊的情況。

「沒關係！」韋恩第一時間回覆了婉若的簡訊告知她不要擔心，他有時間會等到平安到達再把她送到婉若的表姐手中。

在晚了三個小時以後，車子終於平安到達，婉若看著舉著她的名牌等候她的韋恩一下子就覺得溫暖了起來。

「所以後來他追我，我就毫不猶豫的答應了啊！」婉若對著大家解釋道，「當時那麼冷的冬天，他站在那裡一個人等了我那麼久，卻沒有一句怨言，接到我之後又主動拿上我的大包小包，後來我還知

道，因為我的車誤點的關係，耽誤了他的工作，他還特意去請假。」

「那時候我們根本都不認識，他不過是表姐的朋友而已，就算他壓根都不管我也是可以。」

「當韋恩後來跟我表白的時候，我就想到那個冬天他站在那裡等我的情境，遇見這樣的男生，還有什麼好猶豫的？我當然只能對他說yes嘍！」

當謎底揭曉的時候，連韋恩自己都感到吃驚，原來正是他在寒冷冬天車站的等候打動了婉若的心，所以後來才會表白成功，他不禁為自己感到慶幸，看來當初車站的那三個小時的守候還是十分值得，要不然他怎麼能夠成功贏得婉若的心呢？

有心栽花花不開，無心插柳柳成蔭。

韋恩和婉若的故事看起來似乎就是這樣一個古老諺語的證明，然而深究起來，韋恩最終能夠表白成功還是來自於細節主義精神。第一次見面能夠在寒冷的冬天站在那裡等一個朋友的朋友三小時，耽誤自己的工作而毫無怨言，見到人後不計辛勞，幫著婉若忙裡忙外，才是韋恩最後能夠成功的關鍵所在，倘若韋恩沒有做出這些事，相信他與婉若的事情也不會進展的如此這般的順利。

還是那句老話，示愛細節主義，做好每一個細節，才能更好的讓對方瞭解你，同時也瞭解你的心意。細節是什麼？細節就是不計較付出，不計較奉獻，讓對方感受你的真心實意，讓對方瞭解到你的一片情深。你的每一次出現都讓她（他）對你的好感多一分，接下來再讓對方知道你的心意，相信會大大增加成功的機率。

Tips：

1、To men

女士們往往都會喜歡溫柔體貼、能夠想她所想的男士，如果你想要在女士面前展現自己，不妨注意這一點。

2、To women

男士往往都會喜歡善解人意、溫柔善良，如果想要告白贏得男士的好感，不妨注意這一點，展現自己溫柔賢慧的一面，為示愛成功打下良好的基礎。

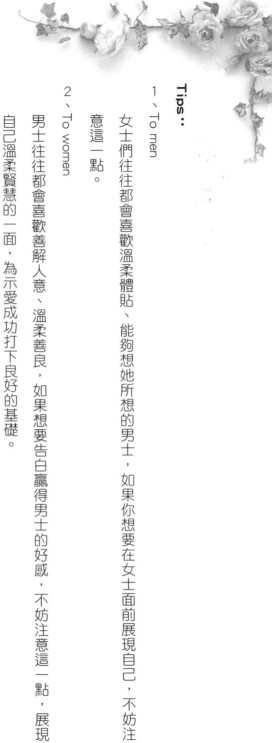

愛你毋需言語

求愛箴言

千言萬語抵不上指尖的溫暖。

有一種男生最難搞定，他們性格比較沉悶，總喜歡把所有的責任都攬在身上，不喜歡分擔，因為他們覺得自己能扛下來，卻忘了自己的另一半與自己其實是一體的，有的事情總要兩個人來分擔，白白讓女生擔憂和著急。

南方就是這樣一個男生，不是很愛說話，大多數時間都沉默著，在他身上似乎沒有任何事會發生，時光總是那麼平靜地溜走。唯一要說不平常的事，大概就是他的女友莉妮了。

這兩人是怎麼湊在一起的？誰也說不大清楚，不過所有人都承認，這兩人太不搭了。南方沉默到悶得慌，莉妮開朗到鬧得跳；南方愛清靜，最喜歡的生活是宅在家裡，最長的記錄是整整一個暑假沒出過屋子；莉妮愛熱鬧，最喜歡的生活是天天跟朋友HIGH，最狂的記錄是連續玩了四個通宵沒闔眼；南方愛吃甜，莉妮愛吃辣……諸如此類，不勝枚舉。

最初在一起時，有朋友打賭，說他們肯定好不了一個月，可是一個月過去了，半年過去了，一年過去了，他們還是好好地相處著，誰也離不開誰。

從南方那裡是什麼也打聽不出來所以然，閨中密友都問莉妮，這麼沉悶的一個男生，妳這麼開朗的性格，怎麼受得了呢？

莉妮說：「最開始也有受不了的時候啊，他什麼也不肯說，有了問題，總是自己去承擔，卻忘了我是他的女朋友，很多事情可以一起承擔的。不過後來對他，我也有了自己的辦法。」

「就說最初在一起的時候吧，也許是心血來潮，我覺得特別喜歡他安靜的性格，不由自主地想靠近他，於是我主動，他沒反對，那我就當他答應了，天天賴著他。

我主動牽他的手，他沒掙脫，那就當你沒有不樂意好了。可是漸漸我發現，他會回握住我，過馬路時，手會微微用力拉住我，總是走在我的左邊，讓我走在靠右比較安全的那邊，就說明他對我很在意啊。

曾經有愛慕我的男生跑去跟他說很難聽的話，我還是從別人那裡知道的，他卻什麼也沒有說，什麼也沒有問過我，那就是他相信我，相信我們的感情。信任不是兩人相處的基礎嗎？

跟他相處的時間越久，越會覺得他的可愛。他是一個挺沉默的人，能夠不說的，就不去說。不是他不樂意，而是他覺得有的事情說出來也沒有什麼益處，還不如不說。可是他的動作、表情，總會洩露他的想法。

吃太多辣椒，他會用不贊同的眼光看著我，點菜時主動點沒有辣椒的菜，可是看到我望著辣椒饞饞的樣子，又會嘆著氣加上一盤有辣椒的菜，那不是因為他愛我、寵我嗎？

有的事只要妳注意了，是不會發現不了蛛絲馬跡的。上次他的父親住院，雖然他沒有說，但是突然用錢緊張，經常往醫院跑，稍微打聽一下就知道了，還用得著問嗎？這樣的事情很快就會傳到我的耳朵裡。就算他不說，可是我一樣能用我的方法去跟他說。找點相關的資料跟他唸一下，多注意照顧他一點，該承擔的我一樣也承擔著啊。」

「所以啊，」莉妮下著結論：「雖然他不愛說，可是他做得已經夠明顯了，我怎麼會感覺不到呢？」

閨中密友聽了瞪大了眼睛：「說這麼多，那也是因為妳真的很喜歡他吧？不然哪裡會注意到這麼多？這麼溫柔細膩，怎麼以前就沒看出妳來啊！」

莉妮故意做出凶凶的樣子：「妳的意思是說我其實不夠溫柔嗎？看我怎麼收拾妳！」

遠遠地，坐在窗邊看書的南方抬眼看了笑鬧的兩人一眼，眼中溢滿了幸福的目光。

兩人的相處，有的時候言語已經多餘，相處的一點一滴中間，有太多的資訊讓你去捕捉。他的眉梢眼角，他的舉手投足，都會表達對你的愛。而你要做的，只是用心去感受而已。用心經營，一段平常的感情也會綻放出別樣的芬芳，多多注意一下你的他吧，長流的愛情之水也許是涓涓細流，但只要用心經營了，也會品嚐出甘甜。

第二部分

我愛你是永遠的事情

這個世界上的情侶有很多類型，處於熱戀期和處於非熱戀期的情侶們就有著明顯的不同。很多人會覺得過了熱戀階段，對另一半表達愛意也就變得不那麼重要了，感情的維繫是長期的過程，在這樣一個速食化的時代，卻沒有人希望自己的愛情只是一份速食而已。示愛就像一個漫長的過程充斥在我們感情的每一個階段，就算不是熱戀期，也總是有方法讓你知道我對你的真心誠意。

第四章 愛情保鮮期

一天一點新鮮，一天一點愛戀。已經不再是出於熱戀期的人們，卻總是能夠體會到熱戀的滋味。表達愛意也是一樣，真摯的表達，讓你知道，我愛你一如既往，讓這份愛，在新鮮中不斷延續……

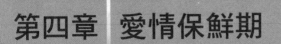

示愛字條

求愛箴言

愛是漫天散落的星斗，那些隨意的字條是我在對你訴說永久纏綿的愛意。

幸福是什麼？在思潔的心目中，幸福就是兩個人持久的相愛著在一起。長久以來，思潔就這樣生活在一片幸福中，因為在很久以前，她就找到了屬於自己的另一半──恩東。悲時有他，喜時有他，這個厚實的肩膀在她周圍四面八方都存在，她往哪個方向倒下去都摔不著。一想到此，思潔就覺得一股暖意融入心底。

倘若有人問起思潔，為什麼相愛這麼多年還會保有激情和情調，兩個人始終相愛如初，她必然會告訴人們那些關於示愛字條的故事。

在兩個人共同的房子裡，無論是思潔打掃時，還是哪個不經意之間，總會偶然的找到一些字條，筆力遒勁，字句簡單，恩東的心意躍然紙上。用恩東的話說，每當思潔找到一次，就代表又多了一個看清他對她愛的機會，這一張張藏在不知名地點的示愛字條，就是他對她心意的表現。

「如果妳找到這個字條，注意了女士，今天是我們的賞月之夜，記得來電提醒。PS：妳永遠知道的──我愛妳，Forever。」

「這張字條意味著我們要放棄一些休息一起來做一頓美味。PS：妳永遠知道的——我愛妳，Forever。」

「嗨，女士，給我個約會的機會吧！PS：妳永遠知道的——我愛妳，Forever。」

「去儲物間找一下那個紫色的盒子，那是一份禮物。PS：妳永遠知道的——我愛妳，Forever。」

在這些字條中，不僅寫下了恩東對她的愛意，同時找到的還是他們的約會安排。賞月、一起做飯、郊遊踏青、一份出其不意的禮物……等等。由於字條總是隨機地被找到的，因此這些活動的安排也是隨機地發生的。

每每看到字條上熟悉的字跡一遍一遍的說著給思潔的愛，還有那特殊的約會，每一件都讓人充滿了意外的驚喜。

就是靠著這些示愛字條的力量，儘管兩人相愛已久，卻還是持有初戀時的熱情，這些不經意被收藏的字條就是他們愛的見證。

這是一個維持愛情溫度的好辦法。適用於已經正式在一起多年的情侶們進一步表達自己對對方的愛。或許你們相愛已久，只是簡單的對你的另一半說出「我愛你」也許並不是他（她）心中希望的，你想要對方知道你的愛也需要藉助一點點的新鮮。藏在家裡的示愛字條是一個不錯的選擇，在這些字條上寫上你的示愛話語，適當的前提上還可以附上一些約會的提議，四處藏起來，藏在電視指南裡、衣袋裡、藥櫃裡、書籍中、她的手提袋、他的汽車中，這樣的字條大可以藏的隱密一點，不要希望她經常的能夠發現。或許偶爾字條有可能藏幾個月甚至幾年也不被發現，等到你示愛的對象發現時，將會獲得很大的驚喜。

Tips：新招迭出示愛字條

1、配合（他）她的日常用品寫上你的示愛字條，比如寫在佐料旁邊：「我的愛因為有你而變的有滋有味」。

2、在家裡他（她）很容易能夠找的到的地方留下你的示愛字條，持久的寫下去，一定能保持愛情的恆溫。

3、從報紙上剪下有趣的、有提示性的、不平常的和好笑的一些標題，當你收集到一定數量的時候就把他裝在信封中寄給你的示愛對象。

驚喜紀念日

求愛箴言

我愛你是真心，不說愛你是驕傲的真心。

「喂！」同事買好了她喜歡喝的拿鐵，趁著午休時間抓著她插科打諢，「最近看了那部He is not that into you，于清妳看了沒？」

她拿過同事遞過來的拿鐵，那部電影，最近老是聽人在周圍說起，不過她卻沒有看，「每天都忙成這樣，我們起的比驢早，做的比牛累，妳還問我有沒有看最近流行的電影，顯然沒有時間嘛！」

「男人有時候真的是奇怪，」同事的話顯得有些無力，「明明每天都在一起，我們以為我們瞭解了，其實卻還只是什麼都不知道。」同事的牢騷發著，于清抿了一小口的拿鐵靜靜聽，公司午休時間，就是她們這幫疲倦的職場女性發牢騷的最好時間，「He is not that into you，看了這個我才知道，其實那樣的瞭解，只是我們自以為的瞭解，其實……還是什麼都不知道！」

同事的話卻讓于清陷入了沉思，瞭解嗎？還是不瞭解？每天都在一起的那個人，到底是不是她所瞭解的呢？她想到即將要到來的兩人週年紀念，突然間充滿了沮喪。

「你記得下週三什麼日子嗎？」

「有什麼特別的嗎？下週三，讓我想一想，很平常啊，不放假，沒有人生日。」她回憶起她前些天跟他對話的片段，他好像已經忘得一乾二淨，還反問她是不是有了什麼祕密的安排。

她知道做事業大不易，她知道他們每天都很忙碌，他們要多為以後著想，為未來的生活打拼，她知道他努力工作她便不能要求太多。可是他卻完全忘記了……她突然開始覺得未來會不會是一片灰暗，或者，他也已經厭倦了他們這樣的愛。

她有些木然的走回家，那個心心念念的日子已經到來，他卻依然還是沒有表示，她不僅想，是不是他們真的都走到了盡頭……

打開門，呈現在她面前的卻是另一番景象，紅紫相間的氣球繫滿了那個小小的屋子，還有牆上那個用玫瑰拼成的愛心。屋子裡的香薰蠟燭，洋溢的都是她喜歡的薰衣草的味道。

「週年快樂！」他不知道什麼時候跳出來，出現在他面前，手裡捧著一大束玫瑰。

于清有些不敢相信自己的眼睛，她覺得這一切好像都是夢一樣，原來他，一點都沒有忘記。他慢慢的把她擁在懷裡，兩人已相對忘言了，再不用一句「我愛你」來去證明他們相愛如初。

于清腦海中突然又晃過那個電影的名字，He is not that into you。也許，應該這樣理解，他真的愛你，他不會多說，他只做給你看。

很多時候，或許你們的愛已經疲憊，越是在這種時候，越是要讓對方知道你的愛，知道你的心意，知道他（她）在你心目中的地位。他以為你已經忘記，其實你卻牢牢的記在心裡，還有什麼比這個更感意外的驚喜呢？在他沒有自信、沒有奢望的時候，你早已為她準備好了一切，不感動，都沒有理由。求愛也是這樣，即使你們相處已久，即使你們已經和左右手一般熟悉，但你仍然需要時時的讓他知道，你對他的愛戀並沒有隨著時間遠走，他已經深深的住在了你的心裡。

Tips：驚喜求愛策略

1、時間拖延展示。瞭解他（她）喜歡或者想要什麼，為對方弄到這東西，但幾個星期或者幾個月內都不告訴她。（這就使她有時間忘記這件事，或者以為你已經忘記了。）在對方最沒有準備的時候拿出來給她一個驚喜。

2、小小謊言。設定驚喜需要一點微妙的東西，需要溫和的態度，還要完全的（善意而美好的）謊言，別為此擔心。

浪漫一整月

求愛箴言

左手拿著愛，拿得累了，就把愛交到右手上。

從相識到相戀，吳越在心裡想他跟倩如到底認識了有多久。人常說七年之癢，他卻覺得，他們沒到七年這個癢好像就要來了。

每一天每一天，起床，刷牙，洗臉，熱上兩片吐司，然後出門工作，下班回家，看電視，彷彿兩個人之間能說的話都說完了，能做的事也做完了。倩如開始多了很多和知心好友的活動，他也開始喜歡跟好友出去玩樂，那個曾經他迫不及待想回去的地方，如今卻只剩下一個孤寂的女人坐在那裡淡淡的跟他說上一聲「回來了」。他想也許是他們有些累了。可是他還是那麼的愛她，一如既往，他想也許是時候，他要重新讓倩如知道他對她的愛，再找回那些激情回來。

在他的精心計畫下，吳越製造一個浪漫一整月的計畫，重新帶給倩如體會初識時的浪漫，同時也告訴她他對她的愛，一如往常……

終於，在吳越精心策劃的浪漫一整月過去後，倩如終於重新認識到這個男人對她的愛，兩個人的生活又回到了彷彿初戀的階段。隨著時間的過去，我愛你並不會變淡，或許，像吳越這樣，換個新鮮的方式讓她知道你的愛意。

附錄：浪漫一整月計畫清單

第一週

星期天：買一本旅行景點的地區指南書。到他們從前沒有去過的一個地方去。

星期一：早起拉她看日出，最好是把她摟在懷裡。

星期二：說完再見，回過頭再待一會兒。

星期三：買一張樂透，把樂透給她，附帶一張字條：試試運氣，妳的機會比百萬分之一好些。

星期四：精心的挑選一件能代表你的愛意的禮物。

星期五：一起計畫一下週末怎麼過！想想辦法，儘快完成雜事為一個愛的週末做好準備。

星期六：多一些撫摸、握手。辛苦了一個週末，來一點小小的按摩也不錯。

第二週

星期天：一起去散散步。

注意：找最近的風景好的地點。

再注意：肩並肩站著，注意拉住她的手，傾聽她的話語。

星期一：太陽出來即起床。體驗一下美好的早晨，慢慢享受一回早餐，一起討論你的希望、未來和夢想。

星期二：還是伴著初升的太陽起床，給她一個甜蜜的早安吻。

星期三：給自己找點學習才藝的機會，舞蹈班、烹飪班、品酒班、音樂欣賞班、寫作班、繪畫班，不管什麼班，重要的是你喜歡，還有就是學成之後帶給對方的驚喜。

星期四：又到了送禮物的日子！回家時帶一束花。

星期五：找一張「喜歡的歌」（有特殊紀念意義的也行）預計她快要回家時，把它放在CD player上播放。

星期六：愛是沒有時間的——把家裡的鐘錶全蓋上，整個週末都看不到。

第三週

星期天：仍然在持續中的愛的假期。

星期一：到當地的音樂行裡去，買一張能代表自己愛意的CD。

星期二：以特殊的方式開始這一天，早上給她唸一段情詩，拜倫或者雪萊。

星期三：以特殊的方式結束這一天，還記得週一買的那張CD嗎？放給她聽。

星期四：送禮物的日子。返璞歸真，這個週末的禮物是一個公仔。

星期五：宣布今天為示愛日，你會滿足她的一切要求。

星期六：一起洗個泡沫浴。

第四週

星期天：一整天待在一起，大聲讀星期天笑話給她聽。

星期一：請假回家，帶一束花去給她一個驚喜。

星期二：工作時隔一段時間打電話告訴她你很愛她，開頭語是這樣的：「親愛的，我好像忘了告訴妳，我愛妳。」

星期三：送一個愛心便當。

星期四：送禮物的日子，今天的禮物是情書。

星期五：今天的任務是根據報紙想一個示愛的辦法，再接下來的兩週中實現這個想法。

星期六：做一次漫無目的的街頭探險，你們想一塊做的任何事。

陷入愛情中的男女，最在乎的無非浪漫兩字，相信浪漫一整月表達愛意，增進雙方的感情是一個十分有用的良方。這樣的浪漫隨時隨地都可以進行，你只需要對原有的一成不變的生活稍作改變，或許是從這個月每天早上離別時的一個早安吻，又或者是這個月每天工作中的一個加油簡訊，再或者是一個月的特定時間中持續不斷的禮物，又或者是能夠調整到何時的假期來一個浪漫一整月的旅行。方法多種多樣。

不要忘記的是，浪漫一整月的目的是讓那個對方知道你的心意，求愛，才是我們的最終目的。相信這樣的用心和恆心，對方一定會為你所動，正如我們在這一章開頭所提到的我們的愛都是新鮮，一點點新鮮，一點點浪漫，獲得的是永久的愛。

捨不得

求愛箴言

追著你的飛機，你若飄洋我就過海。

小七接到公司的調派函，要出差半年。阿威訂了兩人初次見面時的某酒店露天餐廳，吃過中飯，就到了小七去機場的時間，阿威送她去機場。他向來不喜歡送人，不過這次絲毫不覺厤煩，大約是因為小七走得太久，又或者是因為他太依依難捨。

車經過半個小時到了機場，他們進了航站發覺時間還早，依依不捨的情緒突然就充斥在兩個人之間，阿威看了看錶，離他上班還有一段時間，而小七的航班也還有些時候才起飛，於是兩人決定在候機室多待一陣。

「我們來講笑話好了，」為了緩解這離愁，小七提議，「你先說一個。」

「員警在路上攔截了一輛小汽車，發現這部車居然是由一隻狗駕駛的。『你是不是瘋了？讓你的狗當駕駛！』員警向坐在後面的男子吼道。」

「就這樣嗎？」小七笑不出來，阿威講笑話的功力還是這樣差勁呀。

於是小七開始講她的笑話給他聽，兩人之間離別的氣氛傷感漸漸緩和了下來，時間也在一分一秒的過去，他牽著她的手，緩緩的走到安檢門口，她突然覺得一陣溫暖，有個聲音不停在心裡對自己說，要不然就留下來吧！小七突然覺得鼻酸，淚珠子就那麼在眼眶裡打轉。

阿威不由得慌了手腳，「怎麼好端端的就哭了呢？妳等我一下，我去買包面紙。」說完轉頭便跑向一邊的機場販售店，回來後安慰她說，「小七，半年就回來了，現在通訊這麼方便，總能常常聯繫到。」經過兩個多小時的飛行後，小七終於到達了目的地，正看著一站站的機場專線指示牌繞的暈頭轉向，忽然有人從她背後拍了她一下，她的警覺心突然讓她有了不好的預感，在這個人生地不熟的異地，怎能湊巧碰上熟人，她略帶機警的轉過頭，不期然的卻看見阿威那張放大的臉，秀長明亮的丹鳳眼裡透著滿滿的笑意，她驚訝的說不出話來，就這麼愣住，半晌才回過神，「你！你……你怎麼會在這裡？」

「趁幫妳去買面紙的時候，在機場悄悄的訂了跟妳同一班班機啊，還好有多餘的位子！雖然是全價。」

「可是……」小七有些擔心，「不是還得上班嗎？耽誤工作怎麼辦？」

「打電話去公司請過假，不過明天就要回，好在在機場的時候我把返程票也訂好了，妳去駐地放好東西，我們就可以去度過輕鬆一晚了，小七，據說這裡有個景點還不錯，有很多河邊的夜店，要不然去看看。」他笑著提議，秀長明亮的眼睛裡寫滿的都是愛意。

無論他說什麼，小七都只是點著頭，她沒有想到他會這樣放下手頭的工作，送她到陌生的異地，除了滿滿的感動，她還有什麼好想的呢？「小七，」在奔回駐地的路上，他溫柔的叫著她的名字，「我跑過來，是因為我發現我忘了對妳說我愛妳，所以我坐上飛機，追上妳，小七，我愛妳。」

小七只覺得自己眼中的眼淚比那會兒在機場送別的時候還多，聽見他沉穩低沉的聲音在她耳邊說

「我愛妳」這樣便是最大的幸福了。

追求愛情的過程中，送給對方一個期待已久，但意想不到的驚喜是打動她的心重要的突破口。而對相愛的人來說，把自己送給對方，讓對方感覺到自己時刻陪伴在她身邊，關心她的每一份感受，是愛情最大幸福的表現。

怎樣才能讓對方瞭解你真的很在乎她呢？時下常常會有青年男女抱怨，她（他）的另一半如何如何的忙，每每回家倒頭就睡下，或者是每個電話都說我很忙，工作壓力這麼大，你能不能不要再讓我陪你聊天，我只想好好休息一下就好。於是女人們開始覺得他不在乎。他或許愛工作勝過愛妳，其實並不是這樣，他還是愛妳，只是他不知道怎樣才能讓妳認識到他的這份愛。

對於男人們來說，是放棄一些東西的時候了，要求女人的愛，也不是你想的那麼容易，得到愛，維繫愛就是一個更加艱難的話題。你要做的就是讓她知道，你對她的愛勝過了一切，如何證明？就像故事中這樣，偶然放下工作，來到他身邊，怎麼會有人不被感動。求愛的行動，需要一點點衝動，需要一點點放棄，需要一點點說明。贏得她的心，擁有幸福的生活才是最值得的事情。

Tips：證明「愛」的原則

一定要讓她明確知道，在你心中她最重要，勝過了其他一切。

最好能夠出其不意。驚喜往往具有更好的效果。

沒有具體的方法的限制，本書中提到的許多方法都可以嘗試，心誠最重要。

愛情複製旅行

求愛箴言

記憶可以複製，感覺可以重溫，愛情可以回來。

早上起床，看見身邊的同一個人，傑夫突然覺得無味起來。什麼時候，他們也變得像現在一樣。曾經的曾經，他記得他們一起嘻笑，一起打掃，一起規劃關於未來的種種，她那麼依戀著跟他說要一輩子賴著他，於是他學著西遊記裡悟空的口氣告訴她，他會愛她一萬年。那些美好的日子，仍然還歷歷在目，但是他們卻變得似乎跟以前不同，還不到一年，他們卻變得如此遙遠，每天只匆匆說幾句話，甚至有時候，傑夫會覺得喬榛在刻意逃避回家這件事情。

某天的聚會上，也學會了刻意逃避回家的傑夫，一不小心讓朋友們知道了他目前的現狀，知道他跟喬榛的感情遭遇了危機，大家紛紛出謀劃策，在大家的幫助下，傑夫想出了一個主意來給他們的愛注入新鮮活力，他有信心，能夠找回喬榛的心，找回他們那些相愛的點滴。

他認真的和喬榛談過一次，聊到他們的現狀，也透露了些許未來。喬榛說，她有壓力，她不想未來，她說，就這樣就好。傑夫卻笑著執起她的手，深情的眼睛看著她，既然有壓力不如給自己放幾天假，他約喬榛跟他一塊去旅行。

或許是傑夫的真摯，也或許是喬榛自己也覺得他們的感情到了該改善的時刻，喬榛欣然同意了傑夫的安排，特意跟公司請了一星期的年假，她對旅行充滿期待。早早的她就收拾好了行李，喬榛還在猶豫要不要帶登山杖，關於旅行要去的地點，傑夫一直神神祕祕，喬榛也不確定到底是要去登山或者是去海邊，無奈電話也只是白打，傑夫卻依然神祕，只是淡淡的說到時候妳就知道了。

傑夫說，她只用放心把她交給他就好，他說她只用全心相信他，既然是放鬆，就全然的放鬆好了，什麼都不用操心，「不用擔心我會把妳賣掉，我倒是想，可是估計妳也賣不了什麼錢。」傑夫笑說。喬榛也不由得放鬆了自己的心情，是啊，雖然他們最近變得比較疏遠，但是每一次的每一次，傑夫都會把一切打點的好好的，就全然放鬆的享受一次旅行就好。

到了目的地，才知道，是墾丁。這個有著他們太多太多回憶的地方。

一年前，他們曾經在這裡的度假屋遇見，然後相愛，喬榛覺得眼淚都快奪眶而出，她還記得那些他們相愛過的片段，那些歷歷在目的猶如電影畫面在眼前閃過，她被工作的壓力壓得喘不過氣，以為自己早已忘記，沒想到卻還是如此的清晰。

原來傑夫的計畫就是來一次複製的旅行，他想回去把他們在墾丁初見時做過的事重新再做一遍。

第一天，當她早早的起床坐在度假村的夜店邊，他卻如初識般的跑過來搭訕，有沒有榮幸認識妳呢？小姐？她被他的場景再現感動，欣然牽住他的手。

第二天，一塊在墾丁的海邊騎車，打鬧嬉戲，彷彿又回到從前，他狹長明亮的眼睛閃爍在她的周圍，那麼的明亮，她知道她對他的愛，一如往常。

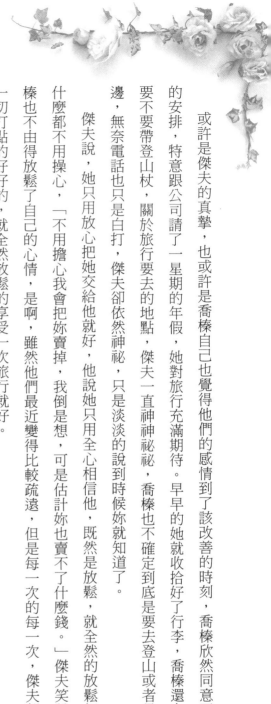

第三天，他約她去那家電影院看了一場電影，只可惜不是當初那一場，她記得曾經他們去看韓國片《假如愛有天意》她哭得稀裡嘩啦，跟他說如果愛一個人千萬不要錯過。如今雖然不是同樣的人，但是相愛的人卻依然在一起，她想起來自己說愛一個人千萬不要錯過，於是她抓緊了他的手，心想她一定會愛他一輩子。

第四天，他們又去了那一家餐廳，點好了主菜，他再次執起了她的手，「我愛妳，做我的女朋友吧！」他再說一次，時間凝聚，周圍的人都被他鼓動起來，她只能微笑著點頭，心裡卻竊喜這些人並不知道他們是交往一年的情侶。

一週的時間雖然短暫，但是這為期一週的回憶之旅，沖淡了平淡，讓喬榛和傑夫又找回了全新的愛意。

找回那些愛的記憶，這是相處已久的情侶們找回愛情跟激情的一個好方式，累了倦了都不是藉口，你只需要重新再去那些地方遊走一遍，長久的求愛並不是一件容易的事情。俗話說相愛容易相守難，說的就是這個道理。去相愛的地方重新走一遍，重新來一遍相愛的過程，雖然是舊瓶，但是裝的是新酒，這樣的心意，往往更容易讓人感動。

一分鐘愛情

求愛箴言
上帝造了這個世界只用七天，那麼愛你，一分鐘還不夠嗎？

結婚三年了，漸漸感覺到激情失去，麻木代替了激情，上班下班，吃飯上床，每天都是雞毛蒜皮。

他說，你怎麼越來越邋遢？她穿著稍大的居家服，棉布短褲，頭髮用夾子胡亂一別，眼角還堆著眼屎，下了班就是這個樣子，而且常常穿著拖鞋四處和鄰居去聊天，從前的淑女形象蕩然無存，她再也不是他心中那個天使了。

而她說，看你懶的，就知道躺在沙發上看球賽，一天到晚在網路上和美眉聊天，你多少天沒和我說過十句以上的話了，你多少個月沒給我買過一枝鮮花了，你多少天沒說過「我愛妳」這三個字了？把我騙到手就這樣啊？

誰騙妳了？他嚷著，妳看看妳現在的樣子，我終於明白什麼是「黃臉婆」了。

越吵越僵，到最後，想離婚的心都有了，當初的山盟海誓顯得那麼虛張聲勢，誰還以為當初說的是真話？

可是誰又真想離婚？

他還想看到她美麗的樣子，不想讓她變得這麼邋遢；她呢，還希望他一如從前一樣愛她。其實，都是想要回到愛情原來的樣子。

一個朋友告訴他，我結婚十年了，如同新婚，我有一個祕訣，就是一分鐘愛情。

一分鐘愛情？是啊，愛情要保鮮，婚姻要防臭，就要堅持一分鐘愛情，這是婚姻防臭的最後辦法。

他的朋友給他講了一分鐘保鮮法：她做飯時，從背後擁抱她一分鐘，讓她感覺你在愛她，所以，她做起飯來就會心甘情願，並且特別快樂。

上床時，花一分鐘給她講個幽默小笑話，這樣，她就會覺得你是個有趣的男人，而且她會因為你的幽默變得特別興奮，不至於結婚才三年，做愛就像刷牙。

鼓勵她化妝給你看，花至少一分鐘看她的樣子，盡量脈脈含情地看著她，讓她覺得好像是初戀。

再花一分鐘跟她一起去陽台上看看風景，只要一分鐘就可以，她會覺得，你還沒有失去最初的浪漫。

其實，每天不過五分鐘，不，哪怕每天只用一個一分鐘，愛情就會保鮮了。

他問真的嗎？

他的朋友說，去試，一個月後告訴我結果。

一個月後朋友問他，怎麼樣？

他說，如同初戀，形同新婚。她也因此而改變了，她做飯時不再嚷著他懶，心甘情願地在廚房裡一邊炒菜一邊唱歌，僅僅因為那個擁抱。

她也開始注意自己的形象，化妝買衣服照鏡子，她總問他，好看嗎？他看得專注，說，好，妳是我的天使。

一分鐘，拯救了她和他的愛情，她也學會了一分鐘，用一分鐘為他繫個領帶——雖然他自己會打，用一分鐘坐下和他說說足球，儘管她不懂；用一分鐘和他一起給他的愛犬梳個頭，讓他明白她的愛屋及烏。

那天，他們結婚紀念日，有人問他們是不是新婚，他和她牽著手一起在街上跑著，如果愛情保鮮了，那麼每天都會是新婚。

一分鐘那麼短，一生中又有多少一分鐘呢？

他說，一分鐘其實一點也不短，可以說三十個「我愛你」。她也說，一分鐘真不短，他表達愛情的時候，就是地久天長。

一分鐘到底有多大的作用呢？婚姻也好，愛情也罷，在時間面前，往往會讓所有人覺得無力，一天天過去，你曾經深愛的那個人或許早已美貌不在，你當初喜歡的那個紳士或許也不像你以為的那樣完美，他或許襪子亂扔，她或許不拘小節，於是乏了、倦了，不知道該怎樣繼續這份愛。其實要做的很簡單，每天一分鐘，每天一點新鮮，保持愛的溫度跟新鮮，才能讓這份愛天長地久，祕訣在於每天一分鐘的持久示愛，有著這樣的愛意，那些你以為不能堅持的、不能接受的，也就變得渺小無比。每天一分鐘的示愛，保持愛情的恆溫。

Tips：一分鐘的愛情良方

1、經常深情的注視著對方。

2、工作的時候給他（她）打個電話或者發個簡訊，電子郵件也可以，不說別的什麼，就為說聲「我愛你」。

3、讚美對方，不厭其煩。

4、經常寫一個小小的示愛字條，夾在他（她）正在讀的一本書中。

5、在她經常出現的地方出其不意的放上鮮花。

6、經常給他（她）一個大力的擁抱。

7、把他（她）最喜歡的東西帶回家。

8、每天花一點時間培養共同的愛好。

虛擬真情

求愛箴言

相信遊戲一定能給你帶來不一樣的浪漫體驗！

米娜站在鏡子前，看著自己變得有些沒有光彩的皮膚，突然有些擔心，為什麼會是我呢？她在心裡不停的問著自己這個問題。溫文又帥又多金，朋友常常說她撿到寶，說這麼好的男人都能讓她遇上，可是別人卻不曉得她的擔心。溫文那麼的優秀，在知名的ＩＴ企業工作，收入頗豐，誠懇善良，勤勞踏實。她呢？平凡的書店店員，按時上班，準時下班，沒事的時候就躲在家裡打電玩。對了，電玩。當初就是這個遊戲把他們兩個緊緊的連在了一起，她怎麼都不會想到眾多女生心目中的完美先生看上她只是因為他們都一樣喜歡玩魔獸世界這個遊戲。

可是在一起了又怎麼樣呢？她永遠都沒有辦法融入他的世界，因為她收入不高，她習慣了節儉，可是溫文卻告訴她買東西有什麼計較的，喜歡就買好了。他的周圍都是美女，可是她卻是姿色平平，朋友說她應該多打扮一下，要不然她們家的好男人說不定哪天就跟著別人跑掉，可是她卻怎麼都不願意花心思在這些事上，閒閒的時候從書店下班，她就只是喜歡窩在家打電玩了。衝裝備，刷金幣，她覺得這樣就好。

免不了就是要擔心。差距這麼大，愛能夠讓她們走到哪裡？

下午五點二十九分，溫文抬起頭看了一下錶，他不禁在心裡想米娜這會在想什麼、做什麼？他不是不知道這隻小鴕鳥的心理，他知道她的自卑和倔強，又什麼事從不說出來，他知道她擔心有一天他不再喜歡她。在他看來這些擔心只是多餘，不喜歡她，還能喜歡誰了？哪有女生肯陪著他一起打電玩，討論遊戲中的各種任務，甚至眼睛會放出比他還多的光芒，哪有人能夠接受另一半看起來光鮮亮麗，其實卻只是生活白癡外加超級宅男，一把年紀還愛拼湊各種模型？

不愛她都沒有辦法。他知道他最近的忙碌讓他們的愛遇到了一點麻煩，他決定想個辦法堅定米娜這隻小鴕鳥的決心，讓她重新認識到他對她的愛到底有多麼的堅定。

「上線沒？」下過班，填飽肚子，溫文第一時間的坐在了電腦面前，他知道那隻小鴕鳥這會兒也一定在。

「在呢。」沒讓他等太久，螢幕上就刷出了她的回答。

「今天有任務要做沒？」

「有一個，正打算組隊去做呢！」

「那先放一放吧！陪我去個地方吧！」

「去哪？我要換衣服出門來你家找你還是？」

溫文看著電腦上發過來的訊息，不由得發出了笑聲，「不用出門，我們去一個遊戲裡的地方吧。」

「……」米娜有些無奈自己的誤解。其實她想見他的心情是那麼的迫切，可是他卻只是想跟她一塊玩遊戲而已，難道他愛她除了遊戲，就沒有別的什麼原因了嗎？長存在心裡的不安定感又慢慢的冒了出來，她只覺得自己委屈無比。

騎上馬，他們倆就並肩走在了前往艾澤拉斯大陸的土地上，熟悉的地圖跟熟悉的人，但是兩人心中卻有著不一樣的心情。

那是一片深沉的海，走到這裡，溫文突然停下了腳步，以前他們組隊在這裡做過任務，她有著這片記憶，溫文突然爬上了海邊的山峰，「從這邊上來吧！」他打字指揮她怎麼跳上來，「我偶然發現這個地方可以爬上來，妳試試。」

她按照他教的方法，順利的爬上了山，這時候是魔獸世界裡面的夜晚，月亮真的緩緩沿著海平面升起，她不由得有些呆住。

「很漂亮吧！」他得意，順便打了個張狂的笑臉給她看。

「坐下吧。」他用人物在她面前跳了滑稽的舞示意她坐在他旁邊，她順從的坐過去，滿眼是泛藍的海水和如圓盤一樣的月亮。

「快說快說，是不是很漂亮？」他的口氣聽起來一點都不像一個職場精英，卻只是一個任性的小孩，「發現這裡的時候我就下定決心帶妳來這裡看！」

他從遊戲的背包裡拿出事先準備好的煙花點燃，「我們認識已經很久，交往也已經很久，但是我親愛的鴕鳥小姐，在這裡，這月亮和海水面前，我要再對妳說一次我愛妳。」

絢爛的煙花就那樣的飛上雲霄，她驚訝的有些說不出話來。

原來他真的愛她，他放下遊戲中的水果籃子，他坐在她的旁邊，他放出他的寵物機器人，她也放出她的寵物貓，遊戲設置在畫面中顯示出兩顆心，就像他們一樣，彼此相愛，離得那麼近。

求愛的方式有很多種，你有沒有嘗試過藉助虛擬的力量呢？或許你會說，有的有的，我會給他發一隻貓。有的有的，我會細心的在我的MSN的顯示名稱上寫下我愛你。有的有的，我在BBS上連載我的示愛故事，呼籲大家都幫我追求她。或許這樣的方法有用。但是你有沒有想過換個更不平凡的方式呢？網路如此發達，遊戲製作如此精良，為什麼不利用一下呢？就算沒有時間沒有金錢帶她來一個現實中的旅行，但是你也可以帶她領略遊戲中美麗的風景，就算沒有金錢買貴重的禮物，但是你也可以用遊戲中虛擬的煙火給她一場絢爛，讓她知道你的愛意。這不是現實，但是卻勝似現實。無論你心儀的人是否是網路遊戲的愛好者，都可以嘗試利用這種方法示愛培養感情。相信成功將會在不遠的前方等著你。

Tips：一些遊戲中示愛可以用到的

1、利用遊戲的人物製作一段表達愛意的視訊，必要的話還可以把他公布在BBS上。
2、來一場遊戲中的旅行，帶他去看遊戲中那些風景優美的地方。
3、兩個人一起玩一款遊戲，或許你們還可以在遊戲中建立一個家，養個寵物寶寶。
4、為她放一場炫麗的煙火。
5、在遊戲中的教堂舉辦一次虛擬的婚禮，邀請很多人出席。

第五章 Shmily forever

Shmily = see how much I love you，很簡單的句子，一共也不過六個單字而已，縮寫下來也就是六個字母，又好記，又好寫，可是如果在這句話後面加上forever還是那麼的簡單了？做一次好事容易，做一輩子好事難；讓你知道一次愛你容易，讓你知道我永遠愛你，卻不是想像的那麼簡單，表達愛意這件事，就像被forever修飾的shmily，找到所有的方法，只為了讓你知道——我永遠愛你。

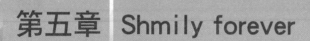

情感危機

求愛箴言

我擦的香水，洋溢著陌生的甜，你有沒有感覺到危險？

讀到席慕容的一首詩《流星雨》，葉子不由得掩卷長思：難道我跟林然，只是一場流星雨嗎？相識的時候，如同激情的星群碰撞，迸射出耀眼的火花，那段時間，他們的相愛，是那麼的甜蜜和幸福，只要想起來，心裡便溢滿溫馨和激動。

相戀兩年，當溫柔的呵護成為習慣，甜蜜的稱呼和動人的愛語不再動人心弦，葉子漸漸惶恐起來，是我習慣了所以感受不到，還是林然沒有最初那麼愛我了？

也許是習慣，也許是林然沒有最初那麼愛我，那麼，接下來的結局，是淡然、冷漠、客氣，然後平靜地分手嗎？

想起最初那段甜蜜的時光，葉子覺得眼角濕濕的。難道，就這樣了嗎？

不，不能這樣。

為了拯救自己逐漸平淡的愛情，葉子開始動起了小腦筋。

林然最近有點小小的鬱悶，葉子最近好像很忙的樣子，可是又不知道她在忙什麼。

以前發簡訊給她，她即使忙，也會回一兩個字過來：「好的」、「收到」、「想你」……可是最近幾天，簡訊也不回，打電話也是匆匆幾句就掛斷，哪裡像以前還有親親愛愛的稱呼，現在電話裡跟談公事一樣，交代幾句就沒了。

偶爾有幾次見面，也讓林然不習慣。葉子換了髮型，換了常用的香水，好像變了一個人一樣，有一次還穿了一件林然從未見過的新衣服，笑問她什麼時候買的，她卻吞吞吐吐半天，推說很早就買了，只是沒有穿過。

疑惑如同滾雪球一樣越滾越大，林然覺得自己有些想太多，可是擺在眼前的事實讓林然很不舒服。全世界的人都應該知道葉子是林然的女朋友，那麼是什麼讓葉子改變，這些事情是在哪些我不知道的地方悄悄發生了？

林然覺得自己都要抓狂了。就好像本來已經應該下到鍋裡的魚，居然鮮活地跳起來，而自己居然不知道這條魚什麼時候活過來的！該怎麼辦？問問這條突然變活的魚吧。

面對林然的質疑，葉子笑笑說：「我以為你沒有注意到呢。你現在要忙工作，哪裡能分心。我想了想，如果可以，我也能一個人繼續走下去……」

說到這裡，葉子淡淡地看向林然。

林然一下子就呆住了，他完全不能相信，這個對自己溫柔體貼，偶爾會調皮的女朋友怎麼突然就變了。「不對，」他仔細回想起來，「不是突然變的，是從什麼時候開始呢？」接著他驚恐地發現自己居然記不太清楚。兩人不是天天湊在一起嗎？具體是從什麼時間開始，葉子看自己的眼神像現在這樣冷漠，裡面不再盛滿了溫柔？跟自己說話的語調這麼平淡，不再有那些嬌嗔和愛語？

林然愣了，是從什麼時間開始，自己慢慢把葉子當成了習慣，竟然習慣到了忽略她的感受和存在呢？

他看向葉子，自己都不敢相信自己說話的語調居然顫抖起來：「葉子，我不知道為什麼我會忽視你，也許是我愛妳愛成了一種習慣，於是就像用右手拿筷子，左手端碗一樣，愛妳愛成了自然。可是，妳現在變成這個樣子，我真的不知道該怎麼辦？如果妳離開了，我的生活就會變成一團亂，因為我已經不能沒有妳了……」越說下去，林然越覺得惶恐，想到失去葉子的情形，他就心煩意亂，想都不敢繼續想。

葉子嘆口氣：「你覺得是因為愛我所以才會忽視我？就像家裡的擺設，買的時候因為漂亮而很喜歡它，放得久了卻對它視而不見嗎？」

林然重重地點頭，正要開口，卻被葉子的嘆息阻止：「可是我愛你，我需要你的愛，我不能接受就這樣被忽視掉。」林然急忙打斷她的話：「不，我肯定不會犯同樣的錯誤！請妳不要……」

「不要什麼啊！」葉子突然噘起了嘴：「誰准你打斷我說話了！我覺得我還是不能離開你，我愛你，我沒有辦法一個人走下去的。所以大發慈悲給你一個機會再愛我！你行不行啊！」

「什麼？」突然的峰迴路轉，真讓林然有點無所適從，看著咯咯直笑的葉子，他恍然大悟：「搞了半天妳在逗我啊！」一副惡虎撲羊的樣子撲倒了笑個不停的葉子。

凶巴巴的大老虎撲上小羊，把小羊緊緊地抱在了懷裡，嘴裡不停地說道：「對不起，對不起……」

葉子抬起頭來看著林然鬆了一大口氣的樣子，心裡又滑過了甜蜜的感覺：嗯，他在乎我，愛著我呢！

相處的時間長了，並不是兩人感情淡了，而是習慣了。就像買的時候很喜歡的裝飾品，放的時間長了，往往就視而不見。男人和女人其實一樣，都有很強的佔有慾（相信任何一個男人或女人都不想自己的女友或男友劈腿吧）。若你們的感情平淡是因為互相忽視對方了，不妨為對方製造一點小小的情感危機，讓對方在感受到情感拉警報的同時，重新正視你的存在。最重要的別忘了，要讓對方知道，你所做的，都是因為太愛他、太在乎他了。

Tips：危機製造小提示

1、點到即可，不要玩得太過火。

2、你知道對方的底線，不要試圖去觸犯。

3、要讓他知道你是因為愛他才做了那一切。

新鮮人新鮮情

求愛箴言

變漂亮、變睿智、變博學……變來變去，不變的是我愛你的心。

米軍簡直不敢相信，坐在對面正在點菜的是熟悉的女友嗎？

精心將週年紀念日安排在新開的法式西餐廳，為的就是希望浪漫的法國風情帶給丹丹一個浪漫的夜晚，可是丹丹讓米軍更吃驚：她熟練地用法語點菜！

天啊！簡直難以置信！

等到侍者離開，米軍看著精心裝扮的女友就像看到了另一個人：「妳是什麼時候會法語的？我怎麼不知道？」

丹丹嬌俏地一笑：「前段時間稍微學了一點。怎麼了？我有說錯嗎？」米軍一擺手：「說實話，我一個單字都沒有聽懂。不過，妳簡直太棒了！」

當丹丹點菜的時候，有好幾桌的客人都投過來佩服和羨慕的目光，做為男友，真是感到太有面子了！驚喜的發現更讓這浪漫的夜晚氛圍更佳。

接下來的驚奇紛沓而至。

連飯都不會做的女友，居然親手做了提拉米蘇當作甜點。當妝點漂亮的小蛋糕端出來時，米軍還以為是什麼特殊的紀念日，絞盡腦汁想了半天都沒想起來。忐忑地問丹丹，她說：「沒什麼啊，新學的一道甜點。你不是喜歡甜點嗎？我就試著做做囉！」

隔了沒多久和老友聚會，來到茶藝館，丹丹居然有模有樣地提壺泡茶，雖然沒有茶藝師那麼標準，可是程序上一點也沒出錯，連茶藝師都稱讚說丹丹泡茶泡得很不錯，多加練習說不定還能去考一個執照。

說起凍頂烏龍、君山銀針什麼的，也說得頭頭是道，讓多年未見的老朋友不停地跟米軍說你女朋友好棒，羨慕之情溢於言表。

米軍覺得自己越來越看不懂丹丹了。

兩人的相處還是跟以前一樣，丹丹一樣的黏著米軍，一樣地要在每天睡前聽到米軍的電話才肯入睡。可是又有哪裡說不上來的不一樣。

層出不窮的新發現，丹丹似乎變了另外一個人，米軍差點就要以為是小說裡的穿越或者附身什麼的發生在丹丹身上。

越是疑惑，就越是想要靠丹丹更近一點。以前一直以為兩人已經很親密了，可是女友身上怎麼就有那麼多的新的狀況，是以前都沒有發現的呢。

越是靠近，越覺得丹丹的可愛。她毫無保留的愛著自己，因為米軍愛吃甜點，所以她學著去做小點心；因為米軍工作的需要，所以她抽時間去學了法語……想到有一個人因為愛你而全心全意地為你付出，米軍的心裡就漾滿了甜蜜的感覺。

愛本身就是新鮮而激烈的刺激感受，如果一切成為自然，激情歸於平淡，那麼愛溜走也只能眼睜睜看著。保持新鮮的愛，不如先從自己做起。比如丹丹，學一門外語，學一點雜七雜八的東西，為愛人學做一道甜點，努力為自己加分，把自己變成一本翻不完的書，引人入勝，甚至愛讀到丟不開手，那麼你的目的也就達到了。不過值得注意的是，不要太賣弄，會令人有浮誇的感覺；不要一次向對方展示你太多的才華，適當的要保留一點點；而且不要因為自我的提升而給對方造成壓力。因為我們的目的是讓這份愛充滿新鮮的味道，別操之過急，讓它變味了。

Tips：提升自我魅力小提示

1、選擇適合你表現的方面，如果嗓子不太好就不要勉強唱歌。

2、注意展示自我的節奏，不要太心急，會讓對方認為你是在賣弄而反感。

3、選擇能跟對方接得上的方面，這樣就能有更多的共同語言。

4、對方不一定會稱讚你，做好可能遭受打擊的心理準備。

5、準備不充分的時候不要拿出來表現。

換換愛

求愛箴言

誰說我們的位置一成不變，那就變一下，讓你知道我是如何愛你。

回到家裡，他覺得身心疲憊。

菜已經做好了，全是他點的，清早她就會打電話問他想吃什麼，然後買回家來做好，等他回來享用。

他默默地吃飯，她不停地給他夾菜，嘴裡嘮叨著這個要多吃一點，補鐵的；那個要多吃一點，補鋅的。他本來想說什麼，看見她的笑臉，又閉了嘴。他知道她每天收拾房間、買菜、做飯、洗衣都是為他。

她讀大學的時候也是系裡很活躍的那一類人，常幫著系上組織活動，做事有聲有色。當年他就愛看她爽朗的笑，才追求她的。結婚後他工作，她做了專職家庭主婦，從前的幹練健談全不見了，日常家務把她磨成了一個平常的家庭主婦。

現在她每天談著他不認識的社區裡的人家，談著菜又漲價了，她曾經的風風光光只能在收拾屋子時看出來。平時，連電腦也很少玩，網路也很少上了，卻看起了肥皂劇來，她說因為這個她可以一邊做家事一邊看。

這不是我想要的生活。他對自己說：她應該跟我討論的是我們都喜歡的網路遊戲，而不是東家長西家短，為什麼會變成這樣呢？如果一直這樣，那麼生活也太叫人絕望了。

可是看著她跟蜜蜂一樣忙碌的身影，他知道自己捨不下這個女人，因為學生時代純真的愛，讓人懷念，那是他們最初的開始啊。

想了很久，他對她說：「我們不能再這樣了。我不想回到家面對的是一個嘮叨的黃臉婆。」

她說：「沒有哪個女孩子想變成黃臉婆，可是我愛你，為你做什麼我都願意。」

他說：「我想我們的關係應該改變一下了。」

她大驚：「你想怎麼樣？難道，難道你想離婚？」

看著她顫抖的唇，他不捨地將她拉到懷裡輕輕吻她：「不是的，親愛的。我只是想，連上班還有調換工作崗位的事情呢，我想跟妳換換。週末我在家，妳去做我準備做的事，好嗎？」

她鎮定下來，聽了他的建議有點疑惑，也有點小小的得意：「你以為家務事就是你想的那麼簡單嗎？你想換我就成全你！不過你的工作我可不一定能做好啊。」

他笑：「還不是學校裡的那一套東西，你又不是不知道。」

於是約定達成。

週末，她代他去拜訪一個新的客戶，因為內容跟學校裡的差不多，她倒也能應付得來。可是面對客戶百般的刁難和亂七八糟的要求，她真的覺得有點束手無策。回家的路上，她不由得反省，難怪他每次下班回家都累得連話都不想說，以前自己老覺得他是不是厭倦了婚姻，厭倦了逐漸平凡的自己，雖然口口聲聲說著知道他工作辛苦，可是不身臨其境，真的不知道原來有這麼麻煩和辛苦啊！

想到他為了這個家每天都那麼地努力著，她不由加快了回家的步伐。

家裡一片狼籍。

看著她驚訝的樣子他苦笑：「我以為家務事就那麼簡單呢！原來……」

原來他在家洗衣服，洗完發現該送去乾洗的衣服丟到了洗衣機裡，拿出來差點報廢，幸好送到洗衣店說能夠解決。熨襯衫的時候溫度太高，不小心熨壞了自己的襯衫。到了中午餓得前胸貼後背，卻發現不知道怎麼把冰箱裡的材料變成美味的食物。收拾垃圾忘記了分類，送到社區垃圾站又重新弄一遍，弄得全身髒兮兮的……

他望著她誇張地問道：「這簡直比跟客戶溝通難上一萬倍！妳居然能每天都做到那麼好！天啊！那需要多少的精力和毅力啊！」

她也笑：「你應付客戶才真的困難。今天你那個客戶恨不得要我把天上的星星都能摘下來，我哪裡是那麼萬能的啊！」

於是他們緊緊相擁。對方做的平凡的小事，不身臨其境，真的不知道有那麼複雜。而他們日復一日地做著，只是因為愛著對方，愛著共同的家。

其實我們很多時候抱怨對方說不愛了，只是因為不能從對方的角度出發考慮問題。RPG遊戲就是角色扮演，扮演對方的角色，做一做對方為你做的事情，你會發現，他所做的一切的動力，來源都是對你的愛。像文中的夫妻一樣換換角色來達到換位思考的目的，可能不是所有人都能夠做到。但是做一天不行，做一兩件事情還是可以的。比如女生暫代男生的角色，或者男生暫代女生的角色，似乎除了生孩子，還沒有什麼換不了的。

冰箱上的表揚信

求愛箴言

讚美是愛人的一種品德。

早上起來阿超的心情並不是很好，昨天朋友們一起玩遊戲，小芬耍賴被阿超發現，結果好面子的小芬居然當著朋友們的面跟阿超爭執起來，最後弄得一幫人不歡而散，阿超也憋了一肚子的火。

「哼！真是無理取鬧，好好冷落妳幾天，看妳還橫不橫！」阿超心裡暗暗下了決定，至少三天，不要理小芬。

走進廚房拿牛奶，意外地發現冰箱上有一張新的紙條：

表揚信

在昨天的聚會上，阿超同學見義勇為，抓住了耍無賴的小芬。這種行為是值得我們大家學習的，特此表揚！

小芬

這又是什麼？阿超哭笑不得，這算是道歉嗎？昨天還爭得臉都紅了，今天又寫表揚信。難道是諷刺我？可是口氣又不太像啊。

「小芬！小芬！」阿超跑進客廳，手裡拿著紙條攔住了正準備出門的小芬：「這個是什麼？」

「表揚信啊！」小芬一邊穿鞋，一邊伸頭過來看著說：「難道我沒有寫標題嗎？有寫啊，你沒有看見啊？」

「我是問妳這個是什麼意思？」阿超抖了抖紙條。

「沒什麼意思啊，就是表揚你嘛！要不，我下次寫了貼大門外去？」小芬笑，哪裡有一點生氣的樣子。「不跟你說了，我要趕車，拜拜！」

小芬跑了，留下一頭霧水的阿超拿著紙條呆呆站著。

第二天又出現了：

表揚信

昨天晚上晚餐時，阿超沒有撒一粒飯在桌子上，還主動幫忙收拾桌子，這種愛惜糧食、熱愛勞動的行為是值得我們大家學習的，特此表揚！

小芬

後來還有很多：

表揚信

阿超主動將破損的門框釘好了，這種愛惜公物的行為是值得我們大家學習的，特此表揚！

小芬

還有表揚阿超主動倒垃圾的，給魚缸換水的，叫人修理下水道的……一大堆，差不多每天小芬都要給阿超寫一封表揚信，弄得阿超倒不好意思起來。

某天阿超專門跟小芬提到這事：「妳做什麼天天都要給我寫表揚信啊？」

小芬說：「你有值得表揚的地方嘛，收到表揚信不好嗎？」

「好是好。可是，我有那麼多值得表揚的行為嗎？我都不好意思了，我自己都沒發現的。」

「當然有啊！你優點可多了！別著急，我會慢慢表揚你的。」小芬一本正經。

阿超倒真的不好意思了：「沒有吧，怎麼別人都不知道，就妳看見了？」

小芬正色道：「因為我在觀察你啊，你的一舉一動都逃不過我的眼睛的。」

表揚信:在昨天的聚會上，阿超同學見義勇為，抓住了要無賴的小芬。這種行為是值得我們大家學習的，特此表揚！——小芬
表揚信:昨天下午晚餐時，阿超沒有撒一粒飯在桌子上，還主動幫助收拾桌子，這種愛惜糧食、熱愛勞動的行為是值得我們大家學習的，特此表揚！——小芬
表揚信：阿超主動將……

「呵呵，什麼優點也不可能天天都有吧？妳那是情人眼裡出西施。」

「那有什麼不對！愛一個人就是要無限放大他的優點，我一定可以給你找滿一千個優點的！」話說完，還望著阿超做了一個「我一定能做到」的表情，很是堅定的樣子。

愛一個人就是要無限放大他的優點，聽到這句話，阿超既感動又慚愧。想到自己總是埋怨小芬不夠愛自己，總覺得是自己追求小芬的，所以對小芬的感情肯定要比小芬對他要深厚得多。時至今日，才發現小芬一直默默地用自己的方式在看著他，努力地愛著他，守候在那裡。

情人眼裡出西施，在你的眼裡，對方就是世界上最好的人。為什麼不把他的優點找出來呢？寫一封表揚信，或者僅僅是記下來，都讓對方知道，他就是你眼中的西施，是你心中最優秀的人。任何人收到這樣的表揚信一定都會感動吧？其實做起來不是很難，小事也可以做成大文章的，關鍵在於你能看到多少，你能看到的越多，是因為你愛他越深哦。加油去找找吧！

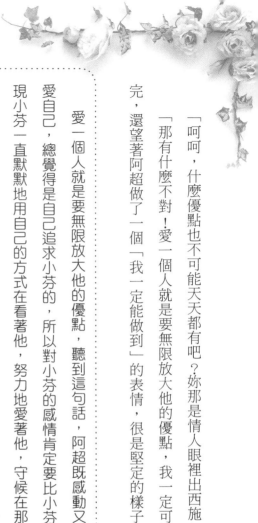

溫暖的鮮奶

求愛箴言

生氣、憤怒、彆扭、吵架……都不能阻擋對愛人的照顧。

剛剛結婚的時候，曉媛好幾次一大早暈倒在洗手間裡，阿剛被驚嚇了好幾次。去醫院一檢查，原來曉媛血糖偏低，而且貧血，最好的方法就是一大早就補充營養到空空的胃裡。於是阿剛為曉媛特意訂了一份鮮奶。

天濛濛亮的時候，送奶工便把鮮奶送到了樓下。阿剛輕手輕腳地起床，生怕驚醒了身邊熟睡的妻子，曉媛晚上經常失眠，早上正是睡得最熟的時候。

取了鮮奶，用慢火煮開，放好適量的糖，再慢慢冷到合適的溫度。這個時候，剛好到曉媛起床的時候。

起身之前，鮮奶就送到了床邊，每天曉媛都是喝了溫度剛剛好的鮮奶再起身，經常發作的低血糖似乎不藥而癒，再也沒有犯過。

婚姻生活裡不是沒有吵架臉紅的時候，可是不管兩人吵得多凶，第二天一早，溫度剛剛好的鮮奶還是會出現在曉媛的床頭。

有一次不記得是為了什麼，兩人吵得特別厲害，曉媛一氣之下收拾包包回了娘家。其實出門的時候還是指望阿剛會追上來拉住她，可是一直到她在娘家睡時，阿剛連個電話都沒有打過來。曉媛流著淚暗下決心，一定不要理他了，這次一定要離婚。

第二天一早醒來，順手往床頭一摸，每天那杯溫度剛剛好的鮮奶不在床頭，才想起來跟阿剛吵了架，自己身在娘家。

曉媛禁不住又紅了眼眶。當每天被呵護成了自然而然的習慣，突然消失的，不是鮮奶，而是那份感覺被呵護的愛。難道真的就這樣結束了？曉媛坐在床頭呆呆地想，神情恍惚。

母親敲敲門進來，手上端著一杯鮮奶，說：「快喝吧！阿剛真是細心，一大早就把鮮奶送過來，還囑咐我說妳喜歡喝60度左右的，我都只差拿溫度計量了。」

「什麼？！」曉媛吃驚得不得了：「這是阿剛送過來的？」

「是啊。」母親將鮮奶放在床頭，忍不住數落起女兒來：「妳說妳多嬌氣，不就是吵了幾句嘴嘛？拎著包就跑回來。我還以為阿剛對妳怎麼了，可是一大早他又送鮮奶過來，放多少糖，冷到多少度，跟老媽子一樣交代得仔仔細細。妳呀，真是身在福中不知福！」

喝著鮮奶，曉媛不滿地噘起了嘴：「那他昨天怎麼不拉住我？哼，就是會做表面工夫而已！」

母親看著女兒笑了：「真是傻孩子。昨天你們倆都在氣頭上，他怎麼會強留妳？能天天做這樣的表面工夫，還要穿越大半個城市來做這樣的表面工夫，也要用多少的心來做啊。妳怎麼就感受不到別人的心啊。」

曉媛沒有應聲，心裡卻將最後一絲對阿剛的不滿都散去了。若不是真正的有心，哪裡會維持這樣一份細水長流的愛情。等下班再好好做幾道菜慰勞一下阿剛吧。

一杯牛奶也好，一個吻也好，一個擁抱也好，做一次兩次也許容易，長久地做下來實在需要持之以恆的毅力。每天為對方做一件事，也許普通微小，讓對方感受到你的愛。也許不是那麼轟轟烈烈，似乎顯得有點平淡，但正是這普通平凡的愛，像長流的涓涓細流滋潤著心田。

愛情假期

求愛箴言

給身體放個假，休息好了身體更好；給心情放個假，天高氣爽人更有精神；若是給你也放個假，不用天天跟我待在一起，你會怎麼樣呢？

公司在高雄組建新的分公司，嬋娟做為策劃部的負責人，被外派過去，最少要待兩週。跟亦凡說的時候，嬋娟心裡真是不捨。兩人戀愛到同居兩年多，天天相聚，真還沒有分別過這麼長的時間。亦凡口裡說著捨不得，可是口氣卻顯得有點無所謂，甚至有那麼點期待。嬋娟有點不爽，不過想想兩年來，兩人天天在一起，再多的熱情也有磨滅的一天。算了，不跟他計較。

送走嬋娟，轉過身亦凡就開始給那一群狐朋狗友打電話，預訂KTV包房，宣稱不醉不歸，大家紛紛響應。對著夜店的霓虹燈亦凡展開雙臂大吼：「親愛的單身生活，我又回來了！」惹得眾人大笑不只。

好吧，看看亦凡都做了些什麼。

嬋娟離開的第一天：亦凡和死黨一起去KTV唱歌，同行的幾個女生年輕又開放，雖然有喝酒有小動作有跟死黨開玩笑，但是亦凡沒有越雷池，最後醉倒，被死黨送回家。

嬋娟離開的第二天：亦凡邀了大學同學和死黨去燒烤，除了幾個結了婚的推托之外，其餘的人滿意而去，盡興而歸。晚上在夜店喝到凌晨三點半回家。

嬋娟離開的第三天：早起頭疼欲裂，很久沒有這樣宿醉過，還真是不太習慣。拉開冰箱，找到一瓶優酪乳，然後發現嬋娟走時塞滿冰箱的食物居然已經吃光了。決定去超市看看，然後覺得什麼都不合適，於是什麼都沒有買。電話邀約死黨出來喝酒，死黨支支吾吾，說連著玩了兩天，女朋友已經有意見了，今天要留點時間安撫女朋友。亦凡無奈，忽然想起晚上有一場球賽，於是買了啤酒滷菜若干回家看球賽。

嬋娟離開的第四天：死黨阿俊和女友吵架，說要來亦凡家住一夜，亦凡欣然同意。兩人買了啤酒邊喝邊數落女人們的不是，感覺又回到了大學時代在寢室談論女生一樣。只是到了睡覺時亦凡怎麼也找不到家裡的新毛巾放在哪裡，無奈之下只好半夜去7-11買東西。

嬋娟離開的第五天：兩個男人吃東西的速度比一個男人更快，家裡實在太髒，亦凡想找清潔公司來來打掃，沒有找到電話號碼。突然覺得嬋娟在家也不錯，頂多就是嘮叨他一下，然後家裡就會神奇地變乾淨。終於找到清潔公司來打掃，卻發現收拾好之後的家裡，自己的東西都找不到放在哪裡了。

嬋娟離開的第六天：寒流來了，嬋娟打電話囑咐亦凡記得加衣服，亦凡覺得好感動，突然就想日子過得更快一點，讓嬋娟能早點結束工作回家，一個人在家好冷清，最初的狂歡之後，剩下的彷彿是無窮無盡的寂寞和等待。

嬋娟離開的第七天：突然特別不想動彈，就想賴在床上一整天。嬋娟的枕頭上還有她最喜歡的茉莉花味道，可是枕頭冰冰的，沒有了那個愛在睡前嘮叨的女友，連整張床都不對勁起來。好像從來沒有這樣思念過嬋娟，兩人共同生活的屋子裡，到處都有嬋娟的痕跡：梳子擺放的位置似乎被清潔公司弄錯了，嬋娟的習慣不是放在這裡，而是梳妝台過來一點點的位置；沙發上的小碎花抱枕應該是放在正中間，因為嬋娟喜歡坐下來就能順手拉過抱枕抱在懷裡；還有綁著毛絨絨心型玩具的圓珠筆，應該是筆頭朝外的，因為主要的作用是被嬋娟拿來在臉上蹭……突然發現那麼多以前沒有注意過的小小的細節，滿滿都是嬋娟的影子，笑的樣子、做鬼臉的樣子、生氣的樣子、鬱悶的樣子、無精打采的樣子……

亦凡覺得特別悶，那麼可愛的嬋娟，為什麼自己還會不滿足，總覺得跟嬋娟在一起會單調呢？好想她，好想她，好想她……

打電話過去，嬋娟的聲音很疲憊，亦凡忍住傾訴，只是說，要照顧好自己，也要記得加衣服，別感冒了。然後掛了電話，坐在沒有嬋娟而顯得不像家的屋子裡，開始發起呆來。

嬋娟離開的第八天：天氣更冷了，拉開衣櫥找衣服的時候，發現嬋娟的厚外套一件也沒有帶走，厚毛衣也全部在家裡。雖然天氣預報說高雄要比台北暖和一點，但是，唉，扒扒頭髮，被人笑話就笑話吧，誰叫自己真的是很想很想嬋娟了。收拾幾件衣服，拿上車鑰匙，直奔高雄而去。

「嬋娟！有帥哥找妳哦，在會客室等了大半天。你們剛開始開會沒多久他就來了哦！」同事叫住剛剛開完會的嬋娟，臉上滿是曖昧的笑。

「會是誰啊？都已經晚上十點多了，還在等？」嬋娟想了半天也沒想起來自己在高雄有什麼熟人，會一直等到這麼晚。

走進會客室，就被緊緊擁入了一個寬廣的懷抱，熟悉的味道，熟悉的懷抱。嬋娟驚喜地尖叫起來：「你怎麼會跑來了？」

亦凡酷酷地說：「天氣涼了，妳都沒有帶什麼衣服，我只是有點怕妳感冒。妳知道，現在亂七八糟的病太多了，我可不想妳一回家就連累我被隔離！」

嬋娟只覺得甜蜜萬分，要是放在以往，兩人難免又要為隔離不隔離的話爭起來，這時她只甜甜地笑：「你瞎說，明明就是想我了吧？哈哈。」

亦凡紅了臉，言不由衷地連說：「沒有！沒有！」可是一直凝視著嬋娟的雙眸卻出賣了他，就像看著最珍視的寶貝一樣，連眨也捨不得眨一下眼。

兩情若是長久時，又豈在朝朝暮暮。

生活其實和工作差不多，專注於同一件事情太長時間，總會有一點倦怠的感覺。放在工作上，是職業倦怠症，因為生活所迫所以不得不繼續工作。可是如果愛情倦怠了，現代人開放的愛情觀很可能就是把感情一腳踢開，等到錯失後，再來後悔又有什麼用呢？我知道你愛我，可是有的時候恰恰是你自己忘了，或者說，因為倦了，所以淡了。

再忙的工作都有休假，為什麼不給兩人的愛情也放個小假期呢？暫離一段時間，留給對方一點獨處的空間。當兩人朝夕相對時，不是我們不去思念對方，而是沒有思念對方的必要，不就是分開幾個小時（而且這幾個小時裡可以透過上網、簡訊、電話等種種方式保持聯繫的）的時間，所謂「思念」的種子，只怕還沒有種下去，就又見了面。那麼，給大家的感情放個假，把思念的種子灌溉成一朵小花，點綴在我們的愛情裡，於是這份愛，更穩固，更美好，讓自己和對方都知道，哦，原來我是一直愛著你的呀！

Tips：關於愛情假期小提示

1、放假的時間請選在兩人感情穩固的時候，不要選吵架或冷戰的時期，那就不叫放假，很可能導致放學（感情結束）了。

2、放假時間不要太長，夜長夢多，長則生變。當他剛好思念正濃的時候，假期結束，於是緊隨而來的肯定是甜蜜的時光。

3、不是所有人都適合放假，如果你的他（她）本來就特別愛玩，甚至你們在一起的時候也經常在玩，那麼放假不但沒有必要，而且還會有點危險。

4、放假的理由有很多，不但是給對方的，也是給自己的，比如找時間獨自出門做個短途旅行，也是給雙方放假。但是不要用太爛的藉口，尤其不要撒謊，愛情的真摯經不起謊言的折磨。

5、假期結束後，不要對他（她）不停地說你在假期中遇到某某很特別之類的話，偶爾說一下，他（她）吃點小醋，老是說的話，就是在刺激他（她）了。

6、假期如果是要外出，盡量和雙方都比較熟悉的朋友一起。你是要給愛情放假，然後收穫更甜蜜的日子；不是要冒然行動，讓假期成為以後日子中的刺。

第六章　愛的建築學

很喜歡看建造房子的過程，先要打好地基，然後一磚一瓦，用心修築，才能得到最精美的建築。自從有人類開始定居以來，就誕生了無數的房子，可是有的房子是流芳百世，有些卻經不起歲月的摧殘而塌毀。示愛的過程就像用愛去建造一所可以為她（他）遮風擋雨的房屋，不僅要堅固，更要有這優美的外表，最好是有如那些名建築，當我們年華老去時，可以待在這裡仰仗它遮風避雨，亦可站在房子外，在陽光下細數那些與愛有關的悠遠綿長的回憶，示愛就好比是修房子，學好各種方法，讓這所愛的房子能夠更堅固，更美麗吧！

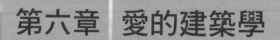

紙鶴上的祕密

求愛箴言
說不口的祕密，都寫下來吧。

Erin有一個好習慣和一個壞習慣。好的習慣是Erin很喜歡疊紙鶴，壞的習慣是Erin不愛說話。這個壞習慣可害苦了Erin的另一半Adam，但是卻又因為Erin的另一個小習慣讓Adam最終明白了Erin的心意。

當初喜歡上Erin便是因為她的安靜，可是當她在一切都如此安靜，Adam卻不由得慌張了起來。

她是愛我的嗎？

她最愛的是我嗎？

今天我遲到她生氣了沒？

完了，Linasey約我去吃飯Erin會不會生氣？這樣的事情常常會在Adam的心裡百轉千迴，卻永遠得不到他想要的答案。

Erin只是一如他們相識時那般安靜的站在那裡對他說：「好啊，你去就好！做什麼我都可以呀，只要是你喜歡就好了！」她就站在那裡對他微笑，她愈笑，他就愈是不確定她的心。

朋友都誇他找了一個溫柔賢慧漂亮的女朋友，是啊，Erin的確就是這樣，他都不明白自己生氣，生氣的點在哪裡。她會做好一切的家事，替他打理好一切，安靜的招待朋友，只是沒有脾氣，沒有一點的脾氣。

他知道她對所有人都是那樣的面孔，都是那樣的沒有脾氣，可是他不希望她對他也是這樣的，他希望看到她的稜角，他覺得他離她這麼近，卻從來未曾真正的瞭解她。她離他越近，他就覺得越是抓不住她，甚至有時候他還會故意做很過分的事，但是她還是會一如往常的對他說你回來了！準備好晚餐和一切。

他知道自己的憂慮來自於什麼，他覺得他老是看不見真實的她，直到有一天，他無意識的解開了她折的那一隻紙鶴，他才發現了她的祕密。

Adam今天居然跟我說要跟Linasey吃飯，他說有工作上的事情要交流，我是真的很生氣！（旁邊是哭喪的臉的小漫畫）可是看著Adam我的憤怒卻發洩不出來，我總是想讓他看見最好的我，而不是歇斯底里的我。

今天他又做了讓我不開心的事情，所以我又折了一隻紙鶴，又在上面寫下這些文字，Adam好像有越來越不滿的跡象，可是我到底做錯了什麼呢？

當他一隻隻的拆開這些紙鶴，慢慢的他就讀懂了Erin的心聲。原來她也是那麼的愛他！她知道他喜歡她安安靜靜，所以從不在他面前表露自己的情緒。那一刻便突然覺得心安。

在發現Erin的這個祕密之後，Adam也折了一隻紙鶴寫下了自己想寫的話讓她明白情侶間分享的重要性。

「好的、不好的妳，我都愛啊。」Adam牽著她的手告訴她，「為什麼不讓我知道妳生氣了？生氣也是愛的表現啊！難道最開始我因為妳安靜而愛上妳，妳偶爾的小脾氣我就不能接受了嗎？我愛妳，所以我愛的是全部的妳，我想要離妳近一點，想知道妳心裡怎麼想，所以親愛的，妳的不開心，請務必讓我知道。」—他細心的把紙鶴放在顯眼的位置，希望Erin能夠看到。

不久之後，Adam便會不時的在桌子上看見Erin的小紙鶴，當她有著不開心的時候，當她有著憤怒的時候，她或許不習慣當面說給他聽，但是她已經知道藉由紙鶴表達，讓他知道她的心意。

正是在祕密紙鶴的幫助下，兩個人的感情再次得到昇華，那些原有的猜疑不在，剩下的只有愛意。

今天他又做了讓我不開心的事情，所以我又折了一隻紙鶴，又在上面寫下這些文字，Adam好像有越來越不滿的跡象，可是我到底作錯了什麼呢？
Adam今天居然跟我說要跟Linsay吃飯，他說有工作上的事情要交流，我是真的很生氣！可是看著Adam我的憤怒卻發洩不出來，我總是想讓他看見最好的我，而不是歇斯底里的我。

在現實生活中不是所有的人都是健談的、開朗的，或許你的另外一半，恰好就不善言語，她（他）只希望把自己最好的一面表現給你看，於是你覺得你們漸漸遠離，卻又找不到解決之道。當你給你的愛打好基礎的時候，務必記得還要不停的添磚加瓦，這愛才會變得堅固，如果你不善言辭，不妨藉助一個媒介來幫助你表達你的心意。

Tips：關於承載愛意の物必須知道的

1、寫下自己的心情就好，不一定都是我愛你，重點是這是對方瞭解你的媒介。

2、便條本、紙折的星星都可以做為紙鶴的替代，沒有一定的準則，使用什麼媒介的決定權在自己手上。

3、堅持是成功之本。這可是個蓋房子的活，不堅持哪能有成效呢！

爸爸媽媽看上他

求愛箴言
找個人過一輩子，不是談一場戀愛。

現在想起來，莫正東還是覺得追到歐歐的過程像一場夢一樣，怎麼會是她，怎麼會是她呢？歐歐可是那麼多人心目中的女神呢！

不過歐歐倒是很看不慣他的沒自信，是你的就是你的啊，她常常敲著莫正東的頭說，這有什麼好懷疑的！我從看見你第一眼就看上你了啊！

正是這份幸運的垂青，讓莫正東格外的珍惜，歐歐對他而言，就像女神一般，佔據了他心目中最重要的那個最柔軟的角落。

為什麼會是莫正東呢？歐歐也常常在心裡問自己這個問題。在她的眾多追求者中，莫正東既不多金，又不英俊，卻偏偏最終殺出了重圍，這還得從歐歐爸媽的那次來訪開始說起。

歐歐跟莫正東還處於尚未轉正的年代，歐歐當然也會在心裡知道莫正東的好，卻遲遲做不出最終的決定，莫正東對她的好她不是不知道，只是在她這個年紀，又面對著眾多追求者，歐歐也想做出一個最佳的選擇，她只是一直在猶豫，莫正東對她來說會不會是一個最好的選擇呢？

歐歐爸媽的來訪非常的突然，由於公司非常忙碌的關係，歐歐沒有辦法親自接待爸媽，歐歐的爸媽一直生活在南投的鄉下，還是第一次來到台北，第一天歐歐接到父母的來電，便拜託大學時期的死黨A幫忙接待，本來安排的好好的行程卻被A的女朋友攪亂，A的女朋友向來都不喜歡他跟歐歐走的太近，知道他幫歐歐接待父母，當下便翻臉，公司這幾天正好有企劃要結案，做為這個企劃的重要參與人，歐歐根本就沒有辦法離開，可是第一次來台北的父母也沒有辦法放任他們不管，她想到了很多朋友，也想到很多她的追求者，好巧不巧，居然都沒有人能挪得出時間，萬般無奈，她最後給莫正東打了個電話，說明了事情的緣由，希望莫正東能夠幫她接待爸媽，沒想到莫正東卻一口答應了下來，「歐歐妳放心去工作吧！伯父伯母我會照顧好的！」他對著歐歐許下承諾，便把歐歐的父母接手了過來。

事實證明，莫正東的確是歐歐做出的最佳選擇，莫正東放下手邊的工作，全心全意的帶著歐歐的父母在台北逛逛，知道歐歐的媽媽想在台北買到便宜的東西，老人家節省，於是便刻意安排歐歐媽媽去逛台北的一些有趣的市場，想歐歐爸媽之所想，急歐歐爸媽之所急，正是這份細心博得了歐歐爸媽的無限好感，幾天相處下來，當歐歐終於挪出時間自己照顧父母的時候，爸媽卻跟莫正東黏上了，「叫上小莫一塊來啊。」歐歐媽媽如是安排，「人家都陪了我們這麼多天，叫上他一塊來啊，妳好歹也請人家吃頓飯當做謝禮嘛，我看小莫這個孩子不錯！我跟妳爸都蠻喜歡！」

「媽！」歐歐有些無力的反抗，莫正東才跟他們相處幾天，就收買了他們的心。「我還是不是妳女兒，妳怎麼好像巴不得把我送出去似的！」

「對呀！」歐歐媽媽回答的理所當然，「我們故意不告訴妳突然跑來就是要給妳一個驚喜，我跟妳爸決定考察一下妳在台北的生活，看看妳周圍有沒有合適的人選，老大不小了歐歐！」歐歐只覺得媽媽在這個時候格外的有心眼，沒想到她老人家還繼續不依不饒，「小莫一定對妳有意思，叫小莫一起來吧，一起一起一起，歐歐妳是我身上掉下來的肉，我最瞭解妳了，妳要不是對小莫有好感會讓他來接待我們？」

「媽！」歐歐無奈地喚了一聲，打斷了母親的碎碎唸，接著打了一通電話給莫正東，一方面是父母的要求，另一方面她也想看看莫正東到底做了什麼就這樣收買了二老的心。

三人行於是變成了四人行，飯桌上莫正東會陪老人家聊他們的話題，細心的幫他們夾菜，不像歐歐那般只顧自己的坐在那裡，歐歐看著這副其樂融融的景象，內心深處的某個地方突然被觸動，一直做不了的那個決定似乎也有了做出最終選擇的契機。

她知道莫正東很忙，卻特意請了假來陪她的父母，身為女兒的她卻沒有做到……

她知道莫正東幫母親買了一雙鞋，換下了她那雙走在大台北街上不會太舒服的鞋……

她知道他刻意上網去查了很多關於她家鄉的知識，希望跟他們聊起天來有更多的話題……

「找一個人是過一輩子的呀，囡囡。」她突然想起來幾年前最疼她的外婆去世前所說的話，「有個又孝順又有責任心，肯對妳好的人，妳還有什麼不肯呢？」想著外婆的話，歐歐覺得這個人儼然就是莫正東了。

幾天後歐歐的父母返回南投鄉下，生活再次回到她的正常軌道，莫正東一如往常，在某次兩人單獨約會的時候，歐歐突然問，「你以前問我的那件事還算不算數？」她側過頭閃著大眼睛看著他，「莫正東，我說好！」

那時候他幾乎不相信這就是真的，但是就是這麼簡單，他的女神歐歐，從此就真的站在他身邊，屬於他了。

示愛是一門學問，要用心經營，但在這樣的學問裡面，總有那麼一些小的技巧可以學習並加以使用。往往會有一些人在跟自己喜歡的對象相處的時候非常融洽，卻無論如何不能討得對方父母的歡心，也有一種情況是，兩個人相對平淡時，正是你身邊重要的人對他留下的良好印象讓你做出了最終的決定。愛一個人就要愛他的全部，示愛也是。愛他（她），就要讓他（她）在乎的人看到你對他的愛，看到你對他的在乎，有了堅強的後盾，你們的愛才能更加的堅固。

愛的背

求愛箴言

愛我你就背背我吧。

思佳跟李任是出了名的恩愛情侶，相戀八年，居然都沒有紅過臉，他們一起攜手度過了經濟危機，也攜手度過了七年之癢。就這麼一路走過來，風平浪靜，雲淡風輕。

這麼恩愛的兩個人，當然會有很多人有疑問，聽見他們故事的人最難以相信的是為什麼相愛八年還能保持初戀時的溫度。

祕訣當然是有的。兩個人又不是雙生，也不是同一父母，生活成長的環境也不是完全相同，怎麼會一點摩擦都沒有，只是他們有一套自己處理問題的方式，互相向對方表達自己的愛意，相愛在這對戀人看起來就成為一件容易的事情。

這個祕訣就是「背背我吧」。兩人確立戀人關係的那一次，正是在登山的路上，思佳走到兩腿都不能轉彎，李任毅然的背起了她，她身上的香氣淡淡的氤氳在身畔，她在叫他的名字，那樣低、那樣柔：「阿任」，只那麼一個小小的瞬間，他便堅定了自己一生的愛。他背著她拾階而上，青石板的山石砌，彎彎曲曲的從林間一路向上，她緊緊的摟在他頸中，頭頂上是一樹一樹火紅的葉子，像是無數的火炬在半天裡燃著。又像是春天的花，明媚鮮妍的紅著。天色晦暗陰沉，彷彿要下雨了，鉛色的雲低得似要壓下來。他一步步上著台階，每上一步，微微的震動，但他的背寬廣平實，可以讓她就這樣依靠。

她問：「你從前背過誰沒有？」他說：「沒有啊，今天可是頭一次。」她將他摟得更緊些：「那你要背我一輩子。」

背背我吧，成為他們表達愛的獨特方式，也成為他們共同建築愛的最佳原材料。

每當有不開心的事件發生，李任會主動背一下思佳緩和這個緊張的氣氛。

如果是思佳過分的行為惹的李任不開心，她也會主動撒嬌著說你背背我好不好。

按思佳自己的話說，他連這個寬闊的背都可以毫無保留的交給她了，還有什麼不相信的。

對兩人而言，這就是他們最佳的愛的表達，只要說到背背我吧！開心或者不開心都會煙消雲散，只有那濃濃的愛意縈繞在他們周圍。

這就是思佳跟李任，相愛八年的愛情良方。

本章的題目是示愛的建築學，相信很多人看到這個題目都會覺得疑惑，示愛跟建築有什麼關係呢？其實這裡只是打了一個比喻。真正的愛，是一點一滴表達的，但是光有了這一點一滴還不夠，如果只是隨意的修葺，這份愛最終還是不會開花結果，房子也不會堅固，怎樣去建築這個示愛的房子也是需要考慮的問題。對戀愛中的兩個人來說，在感情中持久的表達愛意是必須要做到的事，可以選擇一個兩人的小小約定，一如故事中的主角們約定的「背背我吧！」就算是有不愉快的事情發生，一旦這件約定的事情發生，便讓你安心。瞭解到對方對你的忠貞的愛，這一點小小的約定和暗示，何樂而不為呢？

Tips：約定示愛方式大參考

1、約定一個詞語做暗號，一旦出現，便是我在告訴你我愛你。

2、約定一個手勢做暗號，效果同上。

3、約定一個物品做為暗號，無論什麼物品，只是你想對對方表達愛意的工具，這個物品不用太過奇怪，平淡中帶有誠意的物品是最佳選擇。

泥娃娃

求愛箴言

打碎一個你，打碎一個我，用愛重新調和。再塑一個你，再捏一個我，於是，我中有了你，你中有了我。

每一個到郭俊和莫凡家的人，都會被客廳裡那一排泥娃娃吸引。泥娃娃做得並不是很漂亮，有幾個真的只能用「醜」來形容。之所以吸引人的目光，主要是以數量取勝，擺了滿滿三大排，而且還有逐漸增加的趨勢。

郭俊和莫凡走到一起的時候，朋友們的評論兩極化，說好的，說他們性格互補，一定能長久；說不好的，說他們性格差異太大，無法長久生活。也是，郭俊性格內斂，話也不多，做起事來一板一眼，每天每月每年的生活都嚴格按計畫進行著，除了莫凡，那是生命中唯一的例外。

莫凡開朗活潑，哪裡人多哪裡必然有莫凡的身影，還沒看見人，一定可以先聽見她響亮的笑聲，做事不按牌理出牌，想到哪裡做到哪裡，最為朋友們津津樂道的，是她有一次聽說麗江很美麗，第二天就辭了工作收拾行囊跑走了。

性格這麼極端差異的兩個人，怎麼會相互吸引走到一起，連他倆自己也說不清楚，從開始的「乾柴烈火」發展起來，也不是沒有過吵吵鬧鬧的階段，現在進入「水乳交融」的階段，用莫凡的話說，都是泥娃娃的功勞。

那一次，兩人在大街上不知為什麼事爭吵起來，性格衝動的莫凡真是用衝的就直接跑走了，沿著大街走了快一個小時，心裡的悶氣怨氣還是沒有消散，街邊新開的陶藝屋裡傳出熱鬧的笑，於是一推門就進去了。

取了一坨泥，捏成一個勉強看得出形狀的小人，想像這是討厭的郭俊。不愛說話，不愛哄人，明明知道女孩子生氣只要哄一哄就好，也不願意說，哪怕一個字的好話，嗯，真像！狠狠地壓扁，想像一巴掌把郭俊拍成動畫片裡那種紙一樣薄的樣子，心情就好了很多。慢慢用心想要捏一個郭俊出來，下次見到他，就可以炫耀說：「看，我把你的樣子記得多清楚，不用見到本人就能捏那麼好！」

可是一邊捏一邊回想，怎麼也覺得捏得不像，懊惱地把泥巴坨扔回工作台，身後卻突然伸出一雙手撿了起來。回頭一看，是郭俊。

原來郭俊一直在後面遠遠地跟著，一直跟著莫凡進到陶藝屋，這時見莫凡氣呼呼地扔掉了泥巴，才伸出手來。郭俊不說話，莫凡也不想說話，似乎誰先主動說話就會落了下風一樣。

那塊泥巴在郭俊手裡轉來轉去，不一會兒，一個小人兒的樣子在郭俊手下呈現出來，莫凡驚奇了：「哎郭俊，真看不出來啊，你一個學理科的還挺有藝術細胞啊！」

郭俊還是不動聲色：「其實最初我很想上美工學校的。」

莫凡樂了：「那還真沒看出來您有那志向！不過泥巴還捏得不錯！」

小泥人看不清面目，肢體語言卻表達得很清楚，一副向前飛奔的樣子，就跟剛剛莫凡衝走時沒有兩樣。莫凡早就不氣了，剩下滿腔的佩服：「還真有點藝術細胞，教教我，教教我！」

不吭聲的郭俊又取過一團泥來，手把手地教莫凡要怎麼捏怎麼去，莫凡心旋神蕩，不由想起《第六感生死戀》裡面那經典的場景來，心裡最後的一絲不快也漸漸消散了。

後來，莫凡和郭俊都愛上了捏泥巴，有的時候是兩人同做一個杯子花盆什麼的，更多的時候是捏泥娃娃。莫凡也發現，當郭俊專注於他感興趣的事情時，話也會多起來。

泥娃娃越來越多，莫凡和郭俊的感情也越來越深，而且就像會逐漸增加的泥娃娃一樣，莫凡覺得和郭俊之間的愛，是一條沒有盡頭的路，在兩人相握的手中間，會一直走

下去。

有沒有想過和你的他共同去做一件事？比如一起畫一幅畫，寫一幅字，或者如同郭俊和莫凡一樣，共同做一個泥娃娃？其實我們之間已經有了共同的事，那就是我們的愛，可是要表現出來，需要很多的小事來鋪墊。找一件你和他（她）都感興趣的事情來做，然後讓結果慢慢展現，當你看到你們共同作品的時候，就像看到你們之間無形的愛有了有形的載體，不再是虛無的，而是能夠摸到、感受到的。

現在就行動，選一件事情來做吧。也許一次兩次不會成功，但是可以多試一下。既然上天註定你們在一起，肯定就是因為你們有共同點啊，快找出它來吧。

愛情合約

求愛箴言

在雙方互相愛慕，互相坦誠，互相信任的基礎上，特制訂本合約，目的在於明確雙方責任及義務，讓雙方的愛情升溫並持續升溫，最好如同恆生指數一樣，越跳越高，永不下跌。

愛情合約

甲方：何清清（女，25歲）

乙方：蘇順楓（男，27歲）

何清清（以下簡稱甲方）與蘇順楓（以下簡稱乙方）自二〇〇七年十月相識相知相戀，感情穩定，逐步升溫。現在雙方有意共同將這段感情提升一個層次，鑑於以往的經歷，為避免再次發生不愉快經歷，特共同制訂本合約。

一、基礎

本著雙方相互愛慕、互相坦誠、互相信任為基礎，制訂本合約。但是，在道德底線以內，允許雙方保持小小的隱私及私密空間。當然，如果有一天真的不愛了，本合約自動中止。（希望那一天永遠不要

到來）

二、權利

甲方要求乙方：每天都要擁抱，每天早上一個早安吻，晚上一個晚安吻，每天都要說「愛你」，如果因為種種原因不想說，可以為甲方做一件事來代替。

乙方要求甲方：要關心乙方，但是不要太囉嗦；每週至少一個晚上與朋友相聚，期間不要打電話問諸如「你在哪裡」、「和誰一起」之類的廢話；每週至少在家做一次飯。

三、義務與責任

1.用心愛對方

2.享受對方的愛

未盡事宜可隨時補充完善。

甲方：（簽章）　　　　乙方：（簽章）

拿到這樣一份合約的時候，順楓真的有點哭笑不得，這個是什麼啊？雖然兩人有商量準備結婚，可是收到這樣一份東西實在太出乎意料了。清清說要擬訂一份合約的時候，順楓還以為是擬訂一份類似同居協議的東西呢，結果，呵呵，這麼大的陣仗——《愛情合約》耶！

「那個……」順楓很想笑，但是清清的表情實在很認真，所以他也要憋出一副正兒八經的樣子：「這個題目是不是太大了啊？我覺得好有壓力哦。」

清清表情很嚴肅：「沒有啊。我們準備結婚了，在我看來，就是兩個股東準備合夥做一家公司一樣。我們是平等的，而且我們的合作是建立在互相信任和支援的基礎上，因為我們彼此相愛。但是，我覺得我們都還有做得不夠的地方，所以要約束一下比較好。」

「要約束的話，妳可以跟我說啊。比如這個，」順楓劃拉了一下，指向權利的那一條：「妳就是不說，我也會每天都說愛妳，每天都親吻妳啊！」實在是有點好笑，女孩子的心思都細膩到這個地步嗎？

「你是會每天都親吻我，但是寫在紙上的感覺實在看起來太溫馨了啊！」清清笑了：「而且我也有做得不是很好的地方，所以我也寫出來了，喏，這個。」她指向乙方對甲方要求的權利那裡，「上次跟朋友聊天，我才覺得有的時候我實在是太雞婆了，每次你跟朋友出去玩我都會Call你，一次兩次也許還好，但是次數多了，你也會覺得沒面子，然後會覺得我煩吧？」

順楓想了想，的確是這樣。哥們兒聚會的時候，誰要是接到家裡那位的電話比較多，一定會被大家取笑的，雖然自己沒有因此被取笑過幾次，但是……想像一下清清不停打電話催促，讓自己失面子的情況出現，他還是覺得這一條訂得真是好極了。

於是順楓也認真起來，開始跟清清探討哪裡可能需要修改，哪裡可以不用那麼苛刻。清清笑了，她就是要這個樣子，認真地對待一段感情，不是說說而已，現在的人啊，好多時候把承諾落實到紙上，會感覺更安心。

想到以後老了，還可以翻出這張最初的愛情合約來，細數一路走過的風雨，清清對未來充滿了憧憬和希望。

愛情是雙方面的投入。只有單方面付出，沒有收穫和索取，那個應該是單戀；只有單方面收穫和索取，而不付出，那是掠奪。如果說親熱的相處、甜蜜的稱呼等等是愛情感性化的表現，為什麼不把你們的感情理性化呢？愛情合約只是以合約這種冷冰冰的契約形式出現，講訴的卻是兩人之間甜蜜的感情。用冷冰冰的事物來做一件甜蜜的事情，也是很有創意的，而且在雙方探討的過程中，可以發現對方對自己的認同和讚美，反思自己的不足，個人認為是一種比較值得推薦的示愛方式哦！

溫暖圍巾

求愛箴言
愛的時候我們都喜歡織圍巾，只希望愛情比圍巾長。

冬天的風啊，呼呼的吹。

你縮著脖子回到家，摸摸耳朵，冰涼的，我很心疼。

買回一球毛線，決定為你織條圍巾。

你在我旁邊看書，看我一針針起針，你說，曾經有個女孩也說要為你織條圍巾，可是一直沒有收到過。

我不語，只是一針針織下去。

其實我很笨，你卻只是笑著叫我「豬豬」，起針都起了那麼久，我真怕來不及給你織成一條長長的圍巾。

我知道你說的那個女孩，那是你年少時光中的紅玫瑰、白月光。也許正是因為沒有結局，沒有最後，所以你才對她印象那麼深，深到鐫刻進了深深的記憶。

我不要待在那麼深的地方，我只要能天天陪著你，你天天陪著我就好了。

我織啊，織啊。

我要織一條長長的圍巾，替你擋住鑽進脖子裡的風。不要太多的花樣，結結實實就好，也許平凡，還有點線頭邊角什麼的不太平整，可是我保證會織下去。要長長的，圍住你和我。

頭髮掉落在毛線上，我也給它織進去。想起古代結婚的儀式，將男女的髮結在一起，於是有了結髮夫妻的說法，織進我的髮，隨時感受你的心跳。你的髮也散落了，一起織進去，你能分得清哪些是你的，哪些是我的嗎？

那天晚上回家的時候，很晚了，天很黑，路燈都熄滅了。你牽著我的手，我說，你好暖和，你笑，那我就這樣牽妳一輩子好不好？雖然嘴上惡狠狠地說：敢放你就死定了！心裡很甜很甜……

我們本是兩根不相干的線，不知什麼力量把我們纏成了一團，然後慢慢理順，讓命運來織成一條圍巾。也會有疙疙瘩瘩，邊邊角角，不平整，起毛球……不過圍巾總會在最寒冷的冬日帶來溫暖，就像你我可以互相依偎取暖，給彼此力量和勇氣。

於是我織啊織啊，可是我很怕你笑話，更怕你見了我不成氣候的作品丟在一邊，連試著戴一下都不肯。於是我躲起來悄悄地織，悄悄地織。

我看見妳買回了毛線，看見妳起了針，看見妳開始織，說要給我織一條圍巾。

很久以前，有一個女孩子也說要給我織一條圍巾。可是不記得從什麼時候開始，她就淡出了我的視線，我的生活，只留下記憶裡的隻字片語。

說實話，妳真的不是很適合做這種女紅，瞧瞧妳的作品，一段粗一段細，好幾次都想笑話妳。可是還來不及笑話，妳卻不再開始織圍巾。

難道是我偶爾的調侃讓妳感到失望，或者是羞辱了妳？不，親愛的，那不是我的初衷。我只是不忍心見妳那麼累，我只是隨口說說而已，我只是……

難道我又要失去妳？一如失去那個曾經許諾要送我圍巾的女孩？我害怕，我迷茫，我想盡力地討好妳，可是最近的妳，總是那麼多事情要忙都不給我這個機會。

那天去接妳，妳責怪我又沒有穿好衣服，會讓風凍掉我的耳朵，然後，就把圍巾整齊地圍在我的脖子上。

真的很暖和。

妳問我好不好看，暖不暖和，喜不喜歡……我只說，還行！

那個時候，心裡滿是被愛被關懷的滿足感，滿是更甚於初戀的甜，語言，卻貧瘠到無法表達我的想法。

妳微微噘起的嘴表示不滿意，可是妳目光落在我身上時滿足的笑，讓冬天的風不再冷清了。

我們很多人都不是對方的唯一，在他（她）的心裡，總有一個過去的人，一件過去的無法忘懷的事。有的時候不用耿耿於懷，何不敞開心結，讓他（她）感覺到你比過去的那個人更好，更值得珍惜呢？其實很多時候都是小事，比如一條圍巾，一起看一次日出，一塊吃巧克力，只要用心去做，你就會找到你的他（她）有那麼一個小小的關鍵（我喜歡叫它愛情敏感點），就像開關一樣，輕輕觸碰一下，噴灑出的會是你無法想像的愛和熱情。

Tips：關於愛情敏感點小提示

1、不要刻意去問他（她）關於前任或者初戀的事情，請讓對方心裡保持一點私密。

2、找準方向，務求一擊必中。

3、做好充分的準備工作，既然做了，就要做到最好。

4、後續工作也不可少，如果當時他（她）沒有表露什麼，不代表他（她）就沒有被感動、被觸碰，所以要給彼此時間來適應。

5、因為我們的出發點是為了愛，所以不要刻意去揭舊日傷疤，更不要讓過去的事影響你們的現在和將來。

晾曬幸福

求愛箴言
別人的羨慕有時候是幸福增長的動力，所以幸福要曬出來。

早上上班，照例收到同事大姐羨慕的眼光迎接，梅梅就知道，俊賢同學又出現了。

「梅梅妳好幸福啊！看看妳家老公，連妳洗個碗他都可以寫那麼多感言，唉，哪像我家那位，天天回家飯來張口，還沒句感謝的話啊！嘖嘖嘖嘖……」

她靦腆地笑了一下，轉身打開自己的電腦。梅梅是個性格比較內向沉悶的女孩子，俊賢則恰恰相反，連新買根鞋帶都要炫耀得天下皆知，自從跟梅梅戀愛結婚以來，炫耀自己的幸福和老婆，更是成了他一大愛好。

點開俊賢的部落格，果然，這傢伙又有炫耀的新日誌上來了。

梅梅覺得很奇怪的就在這裡，明明是生活中的一點小事，可是俊賢總能找到幸福的理由，比如他的部落格，名字就叫晾曬幸福。看看裡面的日誌，全是今天梅梅怎麼了，今天梅梅怎麼了，每一篇都跟梅梅脫不了關係。

就連吵架也是。那次吵架，梅梅是真的生氣了，可是這個傢伙呢，在部落格裡居然用很感性的語言寫著：「跟親愛的大吵一架，吵完後覺得特別羞愧。她是為我好，可是我怎麼就那麼昏頭昏腦的，居然熱血上腦，跟她爭了起來。親愛的，妳一定覺得我很差勁吧？我也是覺得。擁有妳我何其幸運，不好好把握我們相處的時光，卻用來對妳大吼大叫，我真的是昏了頭。不過回頭想來，卻感到幸福得一塌糊塗，在你身邊有一個人總是從你的立場出發考慮，甚至考慮到你自己沒有想到的地方，這樣的幸福，世上會有幾個人擁有？而幸運的我，就是其中之一。」

結果這篇日誌一上部落格，連本來站在梅梅那一邊的姐妹淘都說：「梅梅，妳好幸福，快原諒他吧，妳看他都反思加反省了，妳就真的忍心不原諒他嗎？」

看看日誌，全是生活中的小事：梅梅今天多吃了一碗飯，臉龐會長得更圓潤好看一點；梅梅今天開他玩笑，性格更開朗了一點……

看到部落格的死黨們笑話他成了「妻奴」他也不惱，每天都寫著。

只要打開「晾曬幸福」的部落格，梅梅就感覺自己被深深地擁入了幸福的港灣，她最喜歡的，是兩人相戀之初，俊賢寫的一首小詩。

只要你握住我的手
我就勇敢的陪你到海角
到天涯
放任時光的浪花
剝蝕我們的青春

把回憶
雕刻成一低頭時會心的一笑
目光相及處
溫暖氾濫
然後用淡淡的口氣，說
是她

心情不好的時候，她便默默地在心裡唸「放任時光的浪花，剝蝕我們的青春，把回憶，雕刻成一低頭時會心的一笑」，然後暖暖的感覺從心裡升上來，把所有的不愉快都通通驅散。

梅梅也問過俊賢，為什麼那麼張揚著他對她的愛，俊賢很溫柔地告訴梅梅：「妳不愛表達，那麼就讓我來表達。妳對我的愛並沒有我對妳的少，只是我愛張揚。那麼，就讓全世界都知道，妳有多愛我，我有多幸福，我巴不得對所有人都去說一次，我好愛妳好愛妳！」

她還是不知道怎麼表達，只能緊緊擁住他，羞澀地笑。

讓愛情更穩固的方法，莫過於表達。不僅是讓對方知道你的愛，感受到你的愛，在無時無刻去發掘愛的過程中，更深地體會到對方的付出。便利的網路，開放的部落格是不錯的傾訴空間，其實每天只需要花一兩分鐘，就可以昭告天下，我愛他，他寵我。累積的日誌，幾乎就是你們的愛情航線圖，記錄著心與心的靠近。從現在開始，每天記得傾訴吧！

貼心提示

求愛箴言
天下太多有情人，難得有心人。

做為業務員，出差是文錦的家常便飯，短則一兩天，長則十天半個月，都是常常有的事情。當老師的潔柔則天天得盯在學校裡，繁重的工作也不能讓她隨時給文錦發簡訊或者打電話，放心不下馬虎大意的文錦，她有其他的辦法來做到對他無時無刻的關心。

剛收拾好東西，手機響起了悅耳的鬧鈴聲，打開一看，系統的日常提示，文錦便笑了。果然是潔柔設置的：還有兩個小時就該登機了，別再拖拉耽誤時間，記得檢查一遍隨身物品哦。

到下榻的飯店打開行李箱，粉藍的小紙條安靜地躺在衣物上：這邊天氣早晚比較涼，不要貪方便而不穿外套哦！愛你的潔柔。

文錦笑，管家婆，這麼遠都能未卜先知嗎？不過他也知道這個肯定是潔柔抽時間查了當地天氣特地放進來的。看看時間，正是下課的時候，於是給潔柔發了簡訊過去：親愛的管家婆，不要只說我，最近天氣轉涼，晚上不要加班太久，要注意休息。

文錦和潔柔之間總是這樣一來一往。潔柔同時帶著幾個班的課，很少有時間能在白天給文錦打個電話，或者發個簡訊。等到晚上批改完作業，夜已經深了，又怕簡訊或者電話打擾到文錦的休息，於是她養成的習慣，就是根據文錦的日程安排，在他的手機上設置小小的提醒，一般都是短短的幾個字而已。

文錦很喜歡這樣的感覺，潔柔的提示並不是捉迷藏遊戲，總會在最該出現的地方出現，在最該出現的時刻出現，那一條條日誌提醒，一張張的便條，已經成了文錦工作和生活中不可缺少的部分。相應的，他總會發簡訊給潔柔，有時是一兩句溫馨的提醒，有時是純粹的問候，有時只是想告訴潔柔哪些她未曾看到過的風景。

即使常常分離，但是兩人的感情從未因此而出現過空檔，不論是在飄雪的北國，還是炎熱的夏日，文錦總感覺潔柔就在身邊一直陪伴著，帶著老婆獨有的囉嗦，一字字一句句卻總讓人感覺到溫馨和甜蜜。他專門做了一個小冊子，把每次出差潔柔寫給他的便條都存下來，發現每次都是那麼一些事，卻從來不覺得厭煩。

潔柔也覺得這樣的生活與一般人沒有什麼不同，只不過她的嘮叨是透過提醒日誌或者便條的形式出現，有的時候文錦也會在心情不好時感到煩，然後會發簡訊說她太嘮叨，她總是笑：「經常忘記吃藥加衣服的人，如果沒有我，生活還不知道怎麼一團亂呢！」

於是更珍惜可以共同擁有的時光，牽手走過風雨，無非也就是生活中的瑣碎和點滴。只不過潔柔的便條和日誌提醒，讓這點滴具體化了，漸漸沉澱成兩人美好的回憶。

其實兩人即使天天朝夕相處，也不要忽略了愛的貼心提醒。有時或許是一條簡訊，有時或許是寫在日曆上的一兩句話，有時是特意準備的小東西，比如對方生病時分類好，裝在對方口袋裡的小藥包。點點滴滴，都是真情的流露。天天說愛你固然重要，但是這樣的點滴小事，就如同愛情建築的一磚一石，累積下來，總能蓋成一座愛的大廈。

沒有我，你怎麼辦

求愛箴言
相愛的人，都是對方的奇蹟。

自從結婚之後，蘇林就發現小兔變笨了很多，總是會大驚小怪，會為了一點小事就嚷嚷，好多生活常識都不知道，不會換電燈泡，不知道哪裡繳瓦斯費、水電費，杯子摔碎了直接用手去撿，嚇了蘇林一大跳，還好蘇林攔得快，不然肯定會劃破小兔細嫩的小手。

不過這樣也好，每次蘇林做了，都會享受到小兔相當崇拜的火熱目光，只差撲上來抱著他歡呼。不過小兔真的歡呼過：「天啊，蘇林，我真愛你啊，沒有你我該怎麼辦啊！」最初蘇林還會覺得羞澀，多大點事啊，值得大驚小怪成這個樣子嗎？後來便慢慢習慣乃至享受了，於是蘇林的口頭禪就變成：「沒有我，妳該怎麼辦喲！」

公司有事要蘇林出差一週，時間本來不長，可是蘇林實在放心不下小兔一個人在家。這是自己第一次離家怎麼久，要是晚上小兔害怕怎麼辦？睡前關不好瓦斯怎麼辦？燒開水時要是又上網玩到忘記怎麼辦？客廳電燈有點接觸不良，要是壞了小兔怎麼換？不小心弄壞了電腦怎麼辦？……蘇林腦子裡無數個怎麼辦讓他擔心的不得了。

回家給小兔做緊急訓練，可是同樣的事情說了好幾次，小兔都做得不是很好。眼看出差的時間一天天近了，蘇林真是急得不得了，恨不得給小兔專門請個人回家照顧算了，可是就請一個星期的家事保姆，人家誰也不做，愁得蘇林頭髮都白了幾根。

臨走時，蘇林對小兔叮嚀又叮嚀，囑咐再囑咐，看著小兔因為分別而淚紅的雙眼，真是心裡千般不捨，萬般不忍。

在外出差每一天，都會接到小兔的電話，爐子怎麼打不著火了？電燈不亮是不是要拿手扶一扶？下水道好像堵住了。有電話打到家裡催繳費，可是忘記是繳什麼費用……那些奇怪的問題更是讓蘇林歸心似箭，七天的工作，五天就快快結束了，然後馬上背包回家。

走到家門口，飄散出一股香甜的排骨湯的味道。蘇林疑惑，對門的房子好像還沒有賣出去，哪裡來的湯的味道？難道是小兔在家做飯？甩甩腦袋覺得不可能，上次在家煮個速食麵都差點燒了廚房的人會熬排骨湯嗎？

打開門，發現有點澀的門鎖上了油，沙發邊的茶几上整齊地疊放著這一期的瓦斯、水電、電話等等繳費單；沙發坐墊洗過了，乾乾淨淨地，散發著陽光的味道。伸手開燈，客廳燈亮了，沒有像以前那樣要閃好幾下才亮。

廚房裡傳來輕快的歌聲。聞聲而至，小兔圍著圍裙俐落地在廚房裡旋轉著。爐子上一邊煨著湯，一邊蒸著什麼，她手裡切著菜，不時回頭看顧著爐子上的菜。

蘇林有點暈，自己印象裡的小兔可沒有這麼俐落精明的樣子啊，這是怎麼一回事？

小兔回頭，眼角的餘光撇見了蘇林，一聲歡呼就撲了過來。蘇林擁住她，依然有點摸不著頭腦，傻傻問道：「妳在做飯？」

懷裡的小兔僵了一下，然後是不明意義的「呵呵呵」。

等坐到沙發上，蘇林才似乎清醒了一點：「門鎖上油了？」小兔不語，只是點頭。「燈也有修過吧？」「然後妳做飯什麼的也都能做得很好？」

小兔偷偷看蘇林臉色，支支吾吾地回答：「門鎖和燈都是請人修的。人家知道你今天回來，特地在家做飯來著，誰知道你這麼早就到了……」

蘇林哼了一聲，表示勉強接受小兔的答案：「妳不是說做不好飯嗎？那我下午回家妳做的飯準備怎麼說啊？」

小兔低著頭拿腳在地上劃來劃去：「跟前幾次一樣說是叫外賣唄！」

這下蘇林就真的不解了：「妳做了那麼多，為什麼要說是別人做的呢？」小兔咬著唇，慢慢開口說道：「因為我愛你啊！但是我覺得我好像能做得太少了，遠遠不夠，我只能依賴著你。而且，依賴你真的很幸福。每次你為我做這做那，罵我笨蛋的時候，我就覺得好開心。雖然你每次都會說我是笨蛋，但是遇到同樣的事你還是會為我去做……」

蘇林心疼地把小兔抱住：「真是笨蛋。每次為妳做事我都很開心啊。我開心妳需要我，依賴我。可是我也會擔心。尤其我不在的時候，我會擔心妳能不能照顧好自己，會不會在我不在的時候出事，我怕不能隨時陪在妳身邊，所以會很著急啊。」

說到這裡，小兔已經耳朵都紅了，蘇林輕輕地說：「不過我很高興妳很需要我啊，呵呵，每次罵妳笨蛋的時候，妳用小兔子一樣的眼光看我的時候，我就覺得自己好偉大啊！」

小兔緊緊抱住蘇林，氣氛好得不得了。正當蘇林準備吻下去時，小兔卻突然跳起來：「哎呀，湯要燒乾了！」蘇林搖搖頭，她哪裡有那麼精明能幹，明明還是一樣的迷糊嘛。

表達愛意的方法，不一定是付出，有的時候也許是索取。因為愛既是付出，也有收穫，就像之前我們說的，沒有收穫只有付出的，是單戀；沒有付出只有收穫的，是掠奪。那都不是兩情相悅的愛情。在人類的情感認知中，被需要、被依賴也是很重要的。尤其針對於男性來說，這種訴求可能比女性更甚。像小兔一樣，藏巧示拙，也是表達愛意的一種方式。隱晦或直接告訴對方，我需要你，我離不開你，因為我愛著你。

第三部分

離開與愛無關

一個向左，一個向右。很多時候，我們遇見，然後分開。有詩云：「曾經滄海難為水，除去巫山不是雲。」遇見你，才能明白愛的真諦之所在。所以就算是轉過身，向左亦或向右，請你務必都要知道我對你的愛，找對方法，就算已經遠離，也依舊讓你知道我不渝的愛意。

第七章 等待的學問

等待，等待，荒誕劇在上演著等待戲碼，可是我站在這裡等待什麼？我知道我在等著你，然而我想要的卻不是這樣無止境的等待，我把你悄悄放在心靈的最深處，祈求你知道，祈求你看見我的等待。這大概是每個等待者的心聲，是等待者，也是行動者，所以找對方法，加快行動吧，對她表達愛意，等待也是一門學問呢！

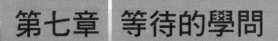

遠距離戀愛

求愛箴言
愛是距離和時間無法改變的忠貞。

機場送別的時候，靜蓉很平靜地安慰依依不捨的思睿：「只是兩年時間，很快的，而且寒假暑假都會回來啊。說不定我成績好，用不了兩年就修完這個碩士學位，那我們就可以提早見面啦。」

思睿捉著她的手，口裡說著好好，可是眼眶依然紅紅的。一進安檢，背轉身去，以為自己可以很平靜的靜蓉還是流下了眼淚。相戀三年，從來沒有分開過，以為可以平靜地面對分別，卻發現真要做到真的很難。

抵達學校，辦好入學手續，找房子，採購必需品……做完這一切，發現已經深夜了。坐在凌亂的屋子裡，靜蓉覺得思念猶如一根細細的線，纏繞在心頭，想要給思睿打個電話，卻遲遲按不下撥號鍵，他應該睡了吧，明天還要上班，這麼晚了，打電話過去會不會太過分？

手機卻突然響了，正是靜蓉想撥而沒有撥出的號碼打來的。「天啊，我正在想要不要打電話給你呢！」那端傳來思睿低沉的笑：「我們這叫心有靈犀嘛。我算了算，按妳那個烏龜速度，應該到這個時候才買完東西，辦完手續吧。有沒有吃飯？」

淚水再次不受控制地浮上眼眶，聲音也不自覺地哽咽起來：「我才不是烏龜啦！我今天把所有的準備工作都做完了……」

電話那端的思睿聲音拔高起來：「妳怎麼了？為什麼哭啊？那麼趕做什麼？後天才開學，可以慢慢來的啊！」

捧著手機，靜蓉聽著思睿關心的話語淚水湧得更凶了。再冷靜的女孩子也還是女孩子啊，在遠離親人和愛人的異鄉，依然被愛人濃濃的愛包圍著，真的覺得自己好幸福，除了哭泣和眼淚，似乎沒有別的東西能表達更充分的感情了。

到異鄉的第一天，靜蓉捧著手機，聽著思睿的愛語沉入夢鄉，一如未曾遠離，還是跟以往一樣，在思睿的身邊，在兩人的喃喃細語中入睡。

之後，電話便成了兩人聯繫溝通的主要工具，不管是星月皎皎的深夜還是晨曦初露的清晨，兩人間的話怎麼也說不完。靜蓉甚至覺得，即使是最初相戀時，也沒有感覺過這樣的甜蜜和親近。

到了月底，電話費還是嚇了靜蓉一大跳，已經覺得每次都挑要緊的說了，怎麼還是打了那麼多電話費啊，天啊，都快追上一張機票的價格了！

在兩人的商議下，聯絡工具從電話轉到了網路上，可是由於靜蓉時間的安排，每次只有在傍晚的那麼一小會兒時間，兩人才能在網上親熱地聊天。不過更加方便的在於，可以視訊。看到思睿最近氣色怎麼樣？看看靜蓉有沒有瘦了？隔著冰冷的電腦螢幕，傳播的是更溫馨的愛情。

見過他們倆視訊的朋友都說，那感情熱烈的，簡直可以把電腦螢幕燒著了！

兩年的時間一晃而過，可是靜蓉和思睿的感情，一點也沒有像有的人預料的，慢慢降溫，直至分手。相反，他們的感情越來越熱。

臨上飛機前，思睿對靜蓉說：「我在機場等妳，有驚喜給妳唷！」然後就掛斷了電話。靜蓉設想了無數種可能，卻沒有想到，思睿在機場接機大廳用火紅的玫瑰擺了一個巨大的心型，中間一塊醒目的牌子上寫著：

五百一十一天的分離，五百一十一天裡只能聽到妳的聲音。我沒有辦法再過一天這樣的日子，所以，嫁給我好嗎？

電話響起，思睿的聲音傳來：「親愛的，看到了嗎？這個驚喜妳覺得怎麼樣？」拿著手機轉身，看見思睿俊逸的身影，靜蓉又一次在機場落淚。

兩地分離，最怕時間消磨了曾經的熱情。電話聯絡的確是個不錯的方式，不過高額的電話費也容易成為比較重的經濟負擔。保持愛情的新鮮，但是不要沉重的負擔，選擇時下流行的網路電話，甚至MSN等都是挺經濟實惠的選擇。讓愛在每天的聊天中持續升溫，保持新鮮，即使相隔萬里，也感覺他（她）從未遠離。

我們共同的牽掛

求愛箴言

寵物情緣也有道理的。

「親愛的善林，你好嗎？上海好像降溫了，你要記得加衣服哦！我不好，很不好。因為阿寶最近很不乖，也許是想你了吧？牠最近都不怎麼愛吃飯，也不愛動，我帶牠去看過醫生了，可是醫生說牠什麼事也沒有。我覺得，牠肯定是想你了。記得嗎？往年的這個時候，牠都到你家去住宿啊，呵呵。今年大概是不能住到你家去，享受你給的愛心狗狗餐吧，所以牠很不對勁。我很擔心。」

「莉莉，很想妳，很想阿寶。請妳一定要告訴阿寶，我沒有拋棄牠，即使在上海，我也還是想著牠。上海的確降溫了，昨天走在街頭，看見一隻很肥的狗狗穿了一件粉色的毛衣，覺得特別可愛，我們的阿寶要是穿件毛衣，大概會熱得跳起來咬我吧？不過那毛衣真的很可愛，過幾天我找到差不多的，寄一件回去，記得給阿寶拍張照片給我。快入冬了，阿寶需要補充營養，以後每天加一點牛肉給牠，牠很喜歡的，相信牠一定會高興起來的。」

這就是善林每天和莉莉的對話。被公司外派到上海做辦事處的善林非常忙，經常跟莉莉打著電話就睡著了，後來大家決定在MSN上互相留言。阿寶是他們共同的狗狗，是在學校圍牆下撿來的。剛撿到阿寶的時候，牠又小又髒，後面的右腿微微有點瘸。說實話，最初的時候，善林真的不喜歡，不過看莉莉愛得要死的樣子，也就勉強接受了。到了冬天，莉莉移民國外的爺爺奶奶總要回來住，一來家裡住不下，二來莉莉的爺爺不喜歡狗，所以冬天阿寶總是在善林家裡度過的。

自從善林去了上海，阿寶就只能留在莉莉家。關於阿寶，實在承載了兩人太多的回憶，因為阿寶而起的爭執，因為阿寶帶來的歡笑，每一個場景都在眼前浮現，於是每天跟阿寶說話，也成了莉莉必做的功課。

善林不善於表達，也很少說動聽的情話，離開台北去上海前，好幾個死黨都表示擔心，畢竟兩地分離，實在太有可能情變了。不過他毫不擔心，因為他知道，他和莉莉之間，有一條緊緊纏繞的線讓雙方相連，那就是阿寶。

即使已經分別兩年，兩人的感情也從未降溫，阿寶，是他們共同的話題，共同的牽掛。所以每次留言也好，電話也好，兩人總有聊不完的話題，關於對方，關於阿寶，就像從來沒有分離過一樣。

外派的時間是三年一期，再過一年，善林就可以和莉莉重聚了。就像越長越漂亮的阿寶一樣，他們的感情也越來越深。莉莉也知道，不是很愛小動物的善林那麼關心阿寶，更主要的，是關心著她。不時從上海寄來的可愛的狗狗用品，也是因為她喜歡。

這樣的他，還有什麼好挑剔的呢？

阿寶是一條寄託著思念的線，一頭連著善林，一頭連著莉莉。

如果分離的時間比較長，難免會出現兩人因為生活節奏不一致，然後共同語言越來越少的情況。給雙方找一個共同的話題，共同的愛好，是保持感情溫度不錯的辦法。就像善林和莉莉的阿寶一樣，兩人共同養的寵物，甚至是共同養的小花小草，因為不斷的成長，都不會僅僅變成回憶，而會變成共同的擁有。如果沒有養寵物或者其他的，那麼，總有你們共同感興趣的方向，比如某支球隊、某個明星，甚至是一起玩的網路遊戲等等。要相信，你們有感情的基礎，有那麼多共同的回憶，而且還可以發掘更多的共同，就一定能共同走下去。

往事就要再提

求愛箴言
我愛你，為了你，我可以放棄全世界，包括你，卻不包括愛我的你。

「該死的！」程諾不停地在心裡咒罵，青青留給他一張紙便悄然離開。

「我知道對於你，我不是最合適，我知道我在不恰當的時候阻礙了你前進的腳步，對不起，諾，我做不到了，我堅持不下去了，所以我決定離開，愛你的，青青。」

該死的，該死的，該死的！程諾在心裡不停的咒罵卻怎麼都改變不了這個事實，不停的把青青留下的紙揉碎，又攤開，看著那些熟悉的字跡，或許這是青青留給他的最後回憶了，他還記得昨天他們嘻笑著討論兩個人一起休的年假要如何度過，要一起去馬爾地夫潛水，青青的甜美在目，怎麼突然就這樣離開了呢？他試圖找到青青平日的手帕交，試圖瞭解原因探詢青青的下落，可是他所做的一切卻似乎都只是徒勞，青青就彷彿蒸發掉一樣，沒有人知道她到底去了哪裡。

「你又不是不知道青青的個性，她要是覺得有什麼事發生，就會默默的走開啊，她向來都不喜歡說什麼。」程諾認真的把這兩天所做的每一件事像播放電影似的在心裡放了一遍又一遍，卻始終想不到青青跟他生氣的原因，他曾經試圖去找尋，但是她卻似乎鐵了心斷絕跟他的一切聯繫。

轉眼間，半年已經過去，青青離開，程諾也不停的遇見各種的女孩。只是沒有一個人是青青。程諾在心裡悄悄的對自己說，他或許曾經是有過那麼一個愛，但是那個愛只屬於青青，可是她卻走的那麼的突然，不甘心的情緒始終佔據在心裡，他只是覺得這份愛斷的不明不白，他希望有個機會再給他弄清事件的始末，重新贏得青青的心。

轉機來自於玫的一通電話，跟她青梅竹馬的玫即將結婚，致電請他吃喜酒，也解除了他心底一直的疑問。

「青青不是沒有原因離開你的。」

「阿諾我一直很喜歡你，所以我告訴青青，她配不上你，我告訴她她只是你一時興起，你最終會回到我身邊。」

「阿諾，對不起。」玫一直的跟他道歉，程諾卻只覺得自己欲哭無淚。

原來竟然是這樣，可是那個傻瓜，他下意識的攥緊了拳頭，她憑什麼一個人做決定，她憑什麼覺得他不愛她了！他是那麼的愛，那麼的愛，就算全世界的人告訴他，青青不是適合他的人選，他還是會義無反顧，可是她憑什麼替他下決定，就這麼替他們的愛判上死刑？

他決定找到青青去解決彼此心中的那個結，或許是已經過去半年，也或許是青青的朋友都看不下去放任他繼續傷悲，這次他居然很輕易的弄到了青青的地址，當機立斷，程諾立刻跑到了青青的落腳地。

座落在比較靠近夜市區的小房子，這半年，青青離開他，就是自己一個人獨居在這裡嗎？她寧願自己吃苦，卻不願意多給他一個解釋的機會，突然覺得心裡有些不是滋味，原本打算敲門的手卻不知怎麼的停在了那裡。

門卻不期然的打開了，嬌小的青青矮了他一整個頭，往裡開的門一推開，便是他整個的身影。

她愣住，接著試圖把門關上，他眼疾手快的把手卡在門邊，賭她不忍心傷害他，「青青，妳給我個解釋的機會好不好！」

她不語，只是目不轉睛的怒視他，不想再說更多的話。

「青青，」他趁勢推開了門，走進這間她一直窩居的房子，簡簡單單就跟她的人一樣，「如果不是玫的電話，我一直都不會明白妳為什麼會離開，」他看著她，眼睛裡滿是真摯，「妳應該給我個解釋的機會，事情從來都不是妳認為的那樣。」

她依舊沉默，但是卻也沒有趕他出門的跡象，程諾在心裡鬆了一口氣，青青肯聽他解釋，就代表他還有挽回的機會，這一次他一定要好好把握，不再讓她輕易走掉。

他把玫的話轉述給了青青，「我從來都只是愛妳，只是妳不肯相信我。」當他最終吐露他的愛意時，青青的兩行清淚卻已經掛在了臉頰。

許多相愛的人常常會因為誤會而分開，這樣分開往往會讓人覺得心不甘情不願，又不是不愛你，怎麼你就離開了呢？在這種情況下等待另一半，首先要做的事就是找到誤會的根源，有些時候是他（她）對你們的愛太沒有信心，有些時候是他（她）認為你未必是合適的另一半，但是不論是何種誤會，重點在於必須要找到誤會，然後解決它，解鈴還需繫鈴人，從誤會的根源入手，再次跟對方表白，相信有著感情基礎的你們一定會再次迎接一個美好的結果，記住，等待不只是等待那麼簡單。

轉角設計愛

求愛箴言
親愛的，你被我設計了。

七點二十分，準時出門。走到離家第一個路口，放慢腳步，然後遇到他。

「嗨！早安！」他脖子上搭著一條毛巾，晶瑩的汗珠掛在古銅色的皮膚上，臉上是爽朗的笑，帶著清晨的風從對面跑過來。

雅婷微微紅了臉，點點頭算是打了招呼，準備照往常一樣走到捷運站去。

可是他卻沒有跟往常一樣從身邊跑過去，而是放慢腳步，然後在她身邊停下。

雅婷心如雷鳴，難道他發現了？每天早上不是偶遇，而是她刻意的安排。自從一個月前在社區裡遇到跑步的他，雅婷就不由自主地調整了自己的時間，只為了每天早上能夠遇到他，然後一整天心情就會很好。

他在她面前站定：「早安小姐，妳換了髮型嗎？很漂亮哦！」

「謝謝！」她故作鎮定，想要繞過他繼續走。

「喂，每天都會遇見的鄰居，我還不知道妳的名字呢！」他微微地笑。

「雅婷，杜雅婷。」她感覺自己的耳朵都要燒著了。心裡疑惑卻更深，為什麼突然想起來要問她的名字呢？難道真的是他發現了什麼？太糗了。

「呵呵，可以叫妳雅婷小姐嗎？」見她點了頭，他不好意思地笑了：「我剛搬過來不久，這個社區裡可能就是天天都會碰到的妳熟一點了。所以只好請教妳了。」

雅婷點點頭，心裡鬆了一口氣，卻微微感覺到有一點失望：「什麼事啊？」

他比劃了一個手勢：「社區門口貼了張要求接種疫苗的公告，但是我還真不知道上面說的仁愛診所到底是在哪裡啊？如果有空的話能帶我去嗎？」

她點頭：「明天我休息，早上可以帶你去。」

他露出一副感恩的表情來：「太感謝了！我可是個不折不扣的路癡啊！」打過招呼之後，她背著小包快步跑走了，沒有留意身後的男子露出一個狡猾的笑容。

家瑋剛搬進社區就注意到了這個女孩，她每天早上搭捷運上班，總要從社區拐角的這條路走過。第一次晨練的時候，他從拐角處跑出來，她走得急，幾乎迎頭撞上。當時她看起來嚇了一跳，卻只是深吸了一口氣，沒有尖叫，也沒有一般女孩開口就責罵或者叫嚷，只是羞赧地一笑便走掉了。

然後每天都會遇到她。她有兩個淺淺的酒窩，容易羞赧發紅的臉頰，甜甜軟軟的聲音，簡直像從古代仕女圖裡走出來的古典美女，不應該是這個快節奏現代生活中的人物。家瑋深深地被吸引了，除了每天遇見她，卻從來沒有想到過跟她搭訕的辦法。

今天早上起來跑步時，在社區門口發現了這麼一張要求接種疫苗的公告，當然，家瑋直接忽略了那個是要求小朋友接種疫苗的。裝路癡、找診所。家瑋覺得這個辦法不錯，因為她總是從拐角的側門出去，肯定沒有看到公告，而且她的樣子就是這樣甜甜軟軟的性格，一定會答應他的要求。

第二天走到診所去，當然是荒誕的一幕，一屋子的小朋友嘰嘰喳喳，傻子也會明白疫苗是給小朋友打的，而不是大人。家瑋摸摸頭，望著雅婷抱歉地笑：「對不起，好像我不僅是個路癡，還是個白癡。」

「不，你不是啊！」雅婷脫口而出，覺得似乎透露了什麼，瞬間便紅了小臉。

「是嗎？那妳覺得我是怎麼樣的？」家瑋一聽，這完全就是有戲啊，趕緊問一句。

「你，你是個很好的人啊。」雅婷頭都快低到胸口了，天啊，自己都在說什麼啊。

家瑋搖搖頭：「其實我一點也不好。」看著雅婷驚訝的目光，他有點難為情地皺了皺挺拔的鼻子：「說實話吧，我其實不怎麼愛運動，每天跑步，」偷偷瞄一眼雅婷，「都是為了能夠見妳一面。」呼，說完這句話真是鬆了一口大氣。

雅婷瞬間紅了小臉，她一直以為是自己每天調整時間去遇到他呢，原來，他每天也在做同樣的事情啊。

看著雅婷紅紅的小臉，那一刻家瑋完全是福至心靈，他小心地牽住雅婷的手，深情地說：「雅婷，以前我也不相信一見鍾情這件事，可是見到妳之後，所有的一切都變得無法形容。我想，我是喜歡上了妳。本來，我覺得每天看到妳就已經足夠了，可是我發現自己變得越來越貪心，光是看見妳還不夠，我想要堂堂正正地牽妳的手，呼喚妳的名字，擁抱妳。可是，妳那麼溫柔，那麼美好，要是在某個清晨對妳說：『嗨，早安，小姐，我喜歡妳，可以和妳交往嗎？』我想妳一定會被嚇跑的。所以我才想了這麼一個笨笨的辦法，妳不會覺得我心機太深吧？」

紅著臉的雅婷心如鹿撞，家瑋的表白讓她又驚又喜，哪裡還有餘力去責怪家瑋的心機？或者，在愛的名義下，這其實也算不上心機了。

手被他牽住，心裡盛滿了突如其來的歡喜，聽見家瑋聲音似乎從很遠，又很近的地方飄過來，他一字一頓地說：「我可以牽住妳的手，做妳的男朋友嗎？」雅婷連連點頭，感覺像做夢一樣。

兩人的等待，如果一直等下去，誰也不知道會持續多久，總要有一個人來捅破這層窗戶紙，小心翼翼的靠近之後，只要一個動作、一句話，試探到對方的真心，然後就可以大舉進攻。

大家都怕出糗，都怕難堪的場面出現，所以精心設計的過程是必不可少的。如同文中的家瑋，先是請雅婷帶他去診所，接種莫須有的疫苗，如果雅婷推辭或者拒絕，那麼就可以中止了。可是雅婷沒有，說明雅婷對他並不抗拒。然後是說自己路癡加白癡，博得雅婷同情心的同時，也可以試探雅婷的態度，如果雅婷只是開開玩笑，沒有其他的反應，那麼也可以打住。如果雅婷帶他去找診所是出自於同情心或者友愛互助的原因，那麼對他自嘲的話也不會有多大反應，可是雅婷很激動地反對了。因為在愛人眼裡的對方，是完美無缺的，即使是缺點，也會被縮小到肉眼難以看見的地步。在最重要的真心之外，機遇靠自己製造，步步為營，把等待的愛變成進行中。

峰迴路轉的缺席

求愛箴言

當等待成為習慣，當守望成為經常，在畫面上有意或無意的留白，卻使這僵局生動起來。

籃球館裡，訓練正熱火朝天地進行著。

「俊熙，接住！」話音未落，俊熙「砰」地一聲被籃球砸在地上。隊長火大地跑過來：「高俊熙！你今天怎麼回事？！完全不在狀況內啊！要是你覺得身體不舒服，我准你假，你回去好好休息。你這樣子，完全沒有辦法訓練了啊！」

「對不起，對不起，我沒事，繼續訓練吧！」摔在地上的高大男孩兒敏捷地爬起來，一疊聲向隊長道歉。因為他的失誤，對抗訓練都暫停好幾次了。

「不用了！你今天回去休息！其他人繼續！」隊長白了他一眼，轉身招呼其他隊友繼續訓練。

死黨湊過來疑惑地掃視他好幾眼：「你今天是不太對勁啊。要是不舒服別硬撐著，只是訓練嘛，缺席一次能有多大點事！」

對了，缺席！聽到這兩個字，俊熙眼睛一亮，他知道是怎麼回事了。那個每次他打籃球的時候，在場邊幫他拿毛巾、遞水、喊加油的綁辮子女孩今天缺席！從認識以來，這個說他像流川楓，要追他做男朋友的女孩，每天都跟在他後面吊著，平時趕都趕不走，今天怎麼缺席了？

搖搖頭，看樣子是真的沒辦法繼續訓練了，完全沒辦法集中精力嘛，老是往場外瞄，場內情況哪裡能看到？算了，回去休息吧。

走到福利社正準備買點東西回寢室填肚子，卻聽見旁邊一個女孩打電話：「是啊，在曼約咖啡廳，敏之她們都已經去了，妳怎麼還不到？是啊，對方是法律系的帥哥哦！高品質的聯誼哦！還換什麼衣服啊，再晚點，A一點的都要被人家挑完了……」

女孩嘰嘰喳喳地走遠了，俊熙摸摸頭，敏之，那個綁辮子女孩好像也是叫敏之吧！算了，不管她！喉嚨乾乾的，曼約咖啡廳不是就在學校後門嗎？好久沒有喝咖啡了，過去看看。腳步移動，心裡還在想著：我是去買咖啡的，買了就回寢室，買了就回寢室！

走進咖啡廳，果然靠裡的大桌上壁壘分明地坐了一桌客人，一邊是男生，一邊是女生。隨意瞄了瞄，沒有看見綁辮子的女生，心裡竟然有鬆了口氣的感覺。

一個女孩跑到那桌，打著招呼：「不好意思，來晚了！」女生們紛紛招呼她：「磨蹭什麼啊！怎麼才來啊！」俊熙聞聲看了一眼，咦，有個女生好面熟，不是綁辮子女孩是誰！

她沒有穿運動服，穿了一條湖綠色的連衣裙，辮子也放下成了披髮，難怪一時沒有認出來了。

也不知道在想些什麼，俊熙開口就喊道：「綁辮子的！」看著綁辮子女孩回頭四處張望，又覺得有點囧，暗自怪自己嚷嚷什麼。

敏之回頭一看，差點把眼珠子瞪出來，這傢伙應該在訓練啊，怎麼跑到咖啡廳來了？！看他汗水淋漓，吊兒郎當的樣子，跟咖啡廳浪漫的氣氛真是格格不入。不過人家都主動打招呼了，也不能失禮啊。跟同伴說了一聲，她走過去輕聲問：「你不是在訓練嗎？」

「訓練？！」他瞪著眼睛，很氣憤的樣子：「訓什麼練？！就是妳，害我被隊長猛Ｋ一頓！提前趕我走了！」

敏之不屑地撇撇嘴：「關我什麼事！肯定是你自己訓練不認真。」

「就是妳！害我老擔心東西放場邊會不會被不相干的人拿走，沒辦法集中精力，才被隊長Ｋ的。妳要是在旁邊，我能被Ｋ嗎？」

「瞎扯吧你！你什麼時候東西放場邊了？你們隊裡的櫃子多得很！還有，我又不是你的助理，幹嘛幫你看東西啊！？」

「呃……」俊熙一時語塞，不知道繼續扯什麼好了，只能瞪著眼睛繼續叫：「反正就是妳的問題！」

「懶得理你！不跟你耽誤時間了！拜拜！」

「哎，等等！」俊熙一把抓住轉身欲走的她，揚起下巴點了點那一桌：「妳今天不去籃球館就是來聯誼？」

敏之點點頭：「是，怎麼了？」

俊熙馬上做痛心疾首的樣子：「妳不會吧妳！參加這麼無聊的聚會？我跟妳說啊，這都是小孩子遊戲了，妳還是國中生？只有國中生還要聯誼吧？就為這麼無聊的事不去籃球館，妳也夠無聊的！」

「高俊熙！」敏之有點生氣了，她深吸了一口氣，似乎在平復心中的怒火：「你才真是無聊呢！我跟你又沒什麼關係，你管我這麼多？你是不是有什麼毛病啊？！」

俊熙還沒說話，那一桌聽到這邊的爭執聲，都走了過來，一個男生殷勤問道：「敏之，怎麼了？需要幫忙嗎？」

敏之擺擺手，表示沒什麼，俊熙卻搶著開口了：「沒你的事，一邊去！沒見過男女朋友吵吵架什麼的？」

「啊？！」一夥人集體愣了一下，男生摸摸鼻子走開一邊了，圍著敏之嘰嘰喳喳的女生也呆了一呆，然後嘻嘻笑著把敏之推開了：「哈哈，男女朋友吵架，敏之，自己問題自己解決啊！」

敏之早就羞紅了臉：「高俊熙，你瞎說什麼啊！我跟你沒完！」高俊熙還得意洋洋地昂著頭：「怎麼瞎說啦？妳不是早就說要追我做男朋友嗎？我都沒反對，讓妳追啦！現在還說我瞎說？哎……」

話沒說完呢，敏之已經紅著臉衝出去了。一幫子女生嘿嘿笑著，催著俊熙快追，他帥氣地揮揮手，大步離開了。

後來？後來，綁辮子的女孩從拿毛巾遞水喊加油的場外小妹升級成了高俊熙專用的助理，高俊熙打球的時候被隊長K的次數更多了，因為他老愛望著助理傻笑。不經意的一次缺席，讓他們真正走到了一起。

愛一個人是很美好的過程，若是在等待對方給你回應的時候，無休止的等待，溫柔的守望，變成他享受的習慣，那要到什麼時候才能給苦苦等待的你回音呢？故意的也好，無意的也好，從等待中，從守望中缺席一兩次吧。若是他對你真的無意，那麼他不會在意你是否在等待，在守望；若是他在意你的存在，只是暫時沒有明白自己的心意，你的缺席會讓他心慌，讓他意亂。接下來，讓他理順心情，你的等待，你的守望就能有終點，有回音。所以，為他做得夠多、夠久之後缺席吧，為無止境的等待劃上一個句號，然後才能有新的開始啊！

第八章 原來你還在那裡

原來你還在這裡，在看盡千帆，歷經滄桑之後，驀然回首，原來你還在那燈火闌珊處，是啊，我們都還在這裡，那麼為什麼要一錯再錯呢？就算已經離開，可是心卻仍然停留在最初迷失的地方。接下來的方法會幫助你，讓你的意中人知道原來還在那裡，原來最初的最初，其實我一直就站在原來的地方，沒有移開半步……

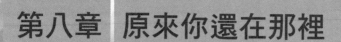

思念的星星

求愛箴言

每天折一顆星，累積成彩色的星星瓶，送給你，那不是繽紛的裝飾品，而是我無數的思念和期待，只是你，什麼時候才會發現？

那段時間非常流行手工藝品，比如用緞帶做的玫瑰花，塑膠管或者彩紙折成小星星，宣傳畫折成的鳳梨、小船什麼的。曉琨生日的時候，收到過不少。

曉琨可以說是學校裡的風雲人物了，學生會體育部長，校籃球隊隊長，還兼任著一支業餘樂隊的貝斯手，賽場上、舞台上光芒四射，無數的女孩子為他驚呼和瘋狂，記得一次生日時，光各種不同的星星就收到了十來罐。

畢業後風光不再，曉琨成為了一個普通的上班族，每天朝九晚五，繁重的工作，微薄的薪水，和普通人並沒有什麼兩樣，那個風華光彩的少年，在社會上慢慢被磨平稜角，圓滑起來。

大學同學聚會，正好是曉琨生日。不過現在的女同學們大多有了固定的對象，或是結了婚，見了曉琨也不過一句淡淡的「生日快樂」，哪裡還有在學校時那麼多的禮物成堆送到他的面前。

唉，這就是人生啊。曉琨無聲地苦笑，轉頭便看到了遲到的芹。

在大學時，風光的曉琨曾有過無數任女友，芹便是其中之一。他們相戀的時光不長也不短，最初如何相聚，後來如何分手，曉琨都沒有太深的印象了。連走進來的芹，也跟曉琨印象中那個靦腆的女孩子有了一些出入。

還是那樣靦腆的笑，卻多了幾分自信，波浪型的捲髮披散在肩頭，少了青澀，多了成熟嫵媚的女人味，看見曉琨，也沒有跟其他女同學一樣上來寒暄，只是望著他遙遙舉了一下杯。

聚會結束的時候，芹卻突然叫住了曉琨，說生日快樂，然後，曉琨又一次收到了一大瓶彩紙折疊的星星。芹微笑著說：「打開有驚喜。」然後乘車遠去。

回到家，曉琨便迫不及待的打開了星星瓶，在裡面翻找，可是除了色彩豔麗好看的星星，裡面並沒有其他的東西。拿著一把星星在手裡玩，這是用小紙條折成的工藝品，做法非常簡單，只要用寬度適合的紙條捲起來，再稍微整理一下，就是一顆立體的五角星了。

對了，用紙條捲起來的，難道要打開的，是這些美麗的星星？曉琨順手打開了一個，背後果然有字跡，起初以為是紙張背後的印刷品，可是一看明明就是手寫體。「今天寒流來襲，你卻沒有加衣服，打完球也沒有即時擦汗，肯定會感冒的。」

再拆開一張，「聽說你又有了新女友，祝福你。至於我，只要在這個小小的角落看著你快樂地笑就好。」

「走過我們一起逛過的陶藝店，因為旁邊的建築拆遷，這裡也要搬遷了。真遺憾我們一起做的杯子最後被朋友摔碎掉。」

曉琨呆住了，這是什麼？是芹寫上去的嗎？抓起一把星星，一顆顆打開，每一顆背後都有一句或兩句話。有的開心，有的不開心，有大學時候寫的，也有明顯是畢業之後寫的，每一顆後面的心情，都跟他緊緊相連，因他快樂而快樂，因他傷心而著急，對他的思念，對他的期待，對他的祝福……湊成了一大瓶的星星。

一顆顆星星被打開，記憶的閘門彷彿瞬間開了閘。飛揚的他，身邊靦腆微笑的芹；忍著毒辣的太陽，在球場邊陪他練球的芹；即使大笑，也端莊好看的芹；不愛夜店喧鬧的環境，卻依然為他捧場的芹；只顧與朋友狂歡，獨自黯然回家的芹……原來，這個女孩一直未曾遠離，在他的記憶深處，那麼鮮明地活著，那麼鮮明地，一如既往地，愛著他。

抓起電話，也懶得管時間到底有多晚，直接打了過去。她帶著濃濃的鼻音接了電話，不曾責怪他打擾了她的安眠，溫柔地問：「有事嗎？」

他卻躊躇了，直到她聲音焦急起來，問他在哪裡，是不是出了事，才用顫抖地語調問：「芹，我想，我似乎錯過了生命中美好的東西。如果，我想和妳重新來過，可以嗎？」

電話那頭是短暫的沉默，沉默到了曉琨的心都抽緊了，然後芹長長地呼了一口氣，說：「好啊！」

互道晚安之後，曉琨帶著滿足的笑進入了夢鄉，他知道，自己曾經錯過的，又那麼神奇地回到了身邊。這一切，都是因為芹執著的愛，而自己，再也不會錯過。

曉琨何其幸運，因為芹的執著，得以重新擁有失去的美好。芹的辦法很笨，幾乎沒有技巧可言，那就是一顆真誠的心，一份執著的愛。而手工星星，只是一個物品，記錄著芹所有對曉琨的牽掛，當最後重逢時，藉由手工星星呈現在曉琨面前的，是一份真摯的愛。即使是鐵石心腸的人，也一定會被感動。更何況他們曾經擁有美好的回憶，只是青春年少的張狂，讓他們錯失了美好的時光。但是只要及時補救，生命的每一天都會成為共同珍視的日子。藉由一件小小的物品，或是寫滿了思念的日記，或是記錄了美好的照片，都可以喚起對方對曾經戀情的回憶，達到再續前緣的目的。不過，本辦法只適用於有心的等待者，如果在過去美好戀情裡只有享受，而沒有收藏，這個辦法實施起來還是有一點難度的。

昨日重現

求愛箴言

回到過去，再談一場年少時的戀愛。

菲菲回國的消息，華德是轉了好幾個彎才知道的。菲菲的同寢室好友如今正跟華德的死黨哥哥戀愛，無意中說起「我們班的才女回國了」，然後輾轉幾次，才傳到了華德這裡。

死黨告訴華德的時候，有意提到，菲菲回國班上的同學也想藉此機會聚一下，問華德要不要去。

華德沉默。他和菲菲曾經是班上被認為最匹配的一對。華德高大瀟灑，菲菲溫柔靚麗，兩人郎才女貌，情投意合。好景不常，大學畢業，菲菲要繼續出國留學深造，華德卻因為家庭原因必須回家工作，即使千般不捨，華德還是跟菲菲分了手。分手那天，兩人都很平靜，一起吃了最後一次飯，便各奔東西。四年來再也沒有聯絡過。

四年足以發生很多事，華德已經是一家大公司的部門經理，業務出眾，獨當一面。也有不少人給他介紹女朋友，都被他微笑著拒絕。他自己心裡清楚，雖然跟菲菲是平靜地分手，可是初戀依然在內心深處給他留下了刻骨銘心的傷痕，即使時間流逝，傷痕並未癒合。

最後華德還是跟死黨一起去參加了給菲菲接風的聚會，看著愈加成熟的菲菲，華德覺得許久未曾感覺的傷痕，又開始隱隱作痛。

宴罷歸來，死黨攛掇華德說：「聽說菲菲這次回來就不準備走了。你這麼多年為菲菲守身如玉的，試試看，說不定可以再續前緣啊！」

華德沒有答話，卻還是動了心。

沒過幾天，菲菲打來電話，約華德出去坐坐，問華德到哪裡好，華德說：「記得學校路口左邊那家咖啡廳嗎？還是去那裡吧。」菲菲笑了：「我也想說那裡，畢竟我們都熟。」

咖啡廳已經換了老闆，裝修還是跟以前一樣。華德坐下來跟老闆和侍者打著招呼，菲菲笑：「你倒變了不少。以前的老闆我們來了那麼多次，你都沒有跟人家打過招呼。」

華德說：「妳走了之後，我經常一個人來，再沒有妳陪我聊天。一來二去的，跟老闆倒是熟了不少。」

咖啡還是熟悉的味道，華德說：「記得那次嗎？我們坐在靠窗最裡面的位置，居然都有人跑來跟妳搭訕，我氣得要死，想不到那麼偏的位置都有人能注意到妳。」

思及過往，菲菲也笑了起來：「怎麼不記得。你明明氣得要死，還是跟人家很有禮貌地說，這位是我女朋友，她已經名花有主了！結果那人還是找我要電話號碼，你本來坐在對面，一聽就非要坐到我旁邊來，硬生生把那個人從我們桌子前擠開。」

正聊著，侍者送過來一碟鬆餅，說：「前面桌的先生送給小姐品嚐的。」

菲菲笑得更厲害了，華德二話不說，立刻擠到菲菲身邊坐下，衝著前面桌的男人舉杯，說：「替我女朋友謝謝那位先生了！」

菲菲笑得快趴到桌子上了，說：「天啊，居然又來一次！」

華德無奈地皺眉：「誰叫妳那麼耀眼，到哪裡都能吸引人的目光。」

「不過，」菲菲眼光迷離：「你剛剛為什麼要說我是你的女朋友呢？」

「菲菲。」華德輕輕握住了她的手：「在我心裡，妳一直就還是我的女朋友。四年了，我卻沒有一天能夠忘記妳。如果時光能夠重來，我肯定不會放妳離開。不管付出什麼代價，我都要把妳留下來。四年前的我太傻了，我以為讓妳走，對妳是最好的，對我可能也就是傷心一陣子。可是，四年來，每當想到我們最後相聚的時刻，想到我們相處的時光，我發現我一直在傷心，因為我一直愛著妳，放不下妳。

不知道在四年後說這句話晚不晚，但是我還是想對妳說，不要走，為了我，留下來。」

菲菲已經眼淚盈眶：「這是我最想聽到的。如果四年前你說了，年少輕狂的我可能不會留下來。可是就像你說的，四年來，離開你，我的心一直不能安寧，所以我回來了，只有在你身邊，才是我該停留的地方。」

慢慢把頭靠在華德肩頭，放任眼淚奔流而出。華德滿足地擁住她，對之前請鬆餅的那個男人比了一個「謝謝」的口型。那是華德的同事，專門受華德之邀而來的。

時光的確是一去不復返，對往日的愛人重新表白，需要一個完美的契機。在共同的記憶中，有許多片段一定讓雙方都印象深刻，只要稍稍提及，就會有各種情緒翻上心頭。在曾經被人搭訕的咖啡廳，又一次遇到被人搭訕的情形，雖然不再是當時，可是重現的情景一定會觸動你的心情。這樣的情形很好找，而且很多。兩人曾經無數次共同走過的小路，共同哼唱過的歌謠，共同做過的每一件小事，當那時的情形再次出現，藉此情形向對方真情表白，相信你的愛人一定無法拒絕的。

放你在我眼裡眉間

求愛箴言

愛過的人，有著相似的眉眼。

國謀沒有想到，回台北第一天，居然就可以遇到晶晶。把行李放在朋友家，兩人出來覓食，正準備點菜，就聽見一個清亮的聲音跟服務生說：「雞蛋要嫩一點，蛋黃要流得出來那種哦！」朋友說：「看，是你前女友喔！」

國謀聽聲音就知道了，可是聽見她說的話，又有點不敢確認。嫩得蛋黃要流出來的煎雞蛋是國謀的最愛，可是晶晶討厭，她總說跟吃生的沒兩樣，不衛生，堅持雞蛋必須煎過心，要凝固的蛋黃才能食用。她怎麼會要吃不衛生的嫩雞蛋呢？

還是忍不住站起來看了看，真是晶晶。正在猶豫要不要打招呼，朋友已經打招呼了，晶晶答應了一聲，坐了過來。

兩年不見，晶晶似乎一點也沒有變，又似乎變了很多。說話還是那麼大聲，可是速度慢了很多；吃東西速度卻快了起來；頭髮留長了不少，燙成微捲的披肩髮，散發著濃濃的女人味。

看著熟悉而又陌生的前女友，國謀一時不知道說什麼好，心裡埋怨朋友怎麼也不跟他說說就把晶晶叫了過來，感覺一頓飯吃得有點尷尬。

晶晶卻大大方方的，只是問了問國謀最近幾年怎麼過的，好不好，回來有什麼打算，吃完便起身告辭了。

看著晶晶遠去的背影，國謀一時恍惚，怎麼也無法把這個捲髮女孩和記憶裡精幹的短髮女友聯繫起來，似乎是同一個人，似乎又不是。

看著國謀神情恍惚的樣子，朋友笑了：「是不是覺得晶晶變了好多啊？」國謀點頭：「是啊，可是又說不出來變在哪裡？」

「你看不出來嗎？她好像你。」

「像我？」國謀愣了，細細回想起之前短暫的相聚。以前總嫌芹菜有味道，現在吃了；以前說話速度好快，現在老愛一字一頓；以前吃飯就像在數碗裡的米粒一樣，現在幾口就吃完了，是有點像自己的風格。

租房子的時候，又遇到晶晶，原來她也住在國謀租住的社區裡。幫著國謀安頓下來，天已經不早了，晶晶邀請國謀去她的房子裡吃晚餐。

看著晶晶俐落地做了四菜一湯，國謀真的吃驚了。以前的晶晶，可是個煎雞蛋都會把蛋殼掉到鍋裡的人啊，做飯這樣的事情一直都是國謀在做的。她怎麼現在這麼能幹了？難道一個人生活很辛苦嗎？就沒有男朋友來照顧她嗎？想到這裡，國謀的心裡酸酸的。

兩年前，他們吵了一架，正冷戰時，公司派國謀去大陸考察市場，於是國謀丟下一句「分手吧！」，乘上出國的飛機。後來情緒穩定了，國謀無數次為自己的決絕而後悔，卻從來沒有接到過晶晶打來的電話。男人的面子又讓他放不下身段主動和晶晶聯繫，於是兩人便失去了聯繫。

「晶晶，妳現在變得好能幹了。」吃著飯，國謀真心地讚美道。

「呵呵，謝謝誇獎。一個人總得自己照顧自己吧，不能幹也可以逼出來的。」晶晶漫不經心地回答，卻讓國謀心疼不已。

「為什麼想起來留長髮了啊？妳以前短髮挺好看的啊。」

「因為，」晶晶聲音低了下來：「因為有人說我要是留長髮比較好看，他比較喜歡看女孩子長髮飄逸的樣子。」

國謀激動起來，這個他，是在說自己嗎？因為兩人在一起時國謀說過好多次女孩長髮比較好看，也懇求過晶晶留長髮，卻總是被晶晶以短髮比較俐落打發過去。

「晶晶，妳知道嗎？我一直想對妳說抱歉，卻一直忘了說。」國謀盯著晶晶的眼睛說，希望看出點什麼來。

「算了，過去的事就算了吧。」晶晶低著頭夾菜，看不清表情。

他卻一直說：「不能算了。因為我一直在想妳，甚至，妳知道嗎？我覺得妳做的飯菜跟我做的飯菜味道好像。」看著晶晶低下去的頭，他繼續說：「妳說話變慢了，好像把急躁的脾氣變成了我這個溫吞脾氣，這是為什麼呢？而我呢，吃飯不由得變慢了，因為我老記著妳說的，吃慢點有助於消化。因為我一直想著妳，愛著妳，所以總是不自覺地模仿著妳的習慣。」

晶晶抬起頭：「是啊，我也變了。我留長髮是因為你說過好看，我每次做飯都想起你，漸漸竟然做成了你的味道，我說話變慢是因為總想到你笑我說話都怕咬著舌頭。可是，那又怎麼樣呢？」

「不怎麼樣！上次遇見妳之後，我就一直很想跟妳說，我們重新開始好不好？」國謀急切地說。

「可以嗎？我們還可以重新再來一次嗎？」晶晶都快哭出來了，國謀溫柔地擁抱住了她：「有什麼不可以？幸好我還來得及，沒有錯過妳。」

愛一個人，總會不自覺地模仿對方的小習慣，比如走路的姿態，說話的樣子，笑的時候，說話的習慣用語等等，這就是我們為什麼總會說別人有「夫妻臉」。其實並不是相愛的那兩人長得特別像，而是他們表現出來的外在氣質、小動作、眼神等等極其相似。這樣的小細節，卻往往最打動人心。

為什麼你的習慣性用語，習慣性動作會跟他一樣？那是因為你的愛讓你不自覺地模仿他。向對方展示你們相同或相似的細節，不但讓對方對你的認同感和契合感更強，更能讓他知道你之所以跟他很像，那是因為對他的愛。

還有什麼，比在人群中驀然回首，看見你帶著兩人共同的小習慣，靜靜地站立在人生的十字路口，還有什麼人能夠抵抗你的愛呢？值得注意的是，對於神經大條的另一方，這個辦法不用也罷，心思不夠細膩的人，怎麼能夠體會到呢？

我們的珍藏

求愛箴言

融入血脈的記憶，是不能丟棄的珍寶。

重遇佳茗，是在公司的尾牙宴上。做為公司未來合作夥伴的代表，佳茗出席了晚宴，一襲天青色的改良式旗袍，襯托得她氣質飄然，宛如仙女。

晚宴上邀請佳茗跳舞的男人很多，可是她都有禮地婉拒了，逕自走到永康面前：「好久不見，不請我跳個舞嗎？」面對美女的邀請，永康從來不會拒絕。只不過在摟住美女的時候，他悄悄在她耳邊說：「明年我想要升職估計有點困難，剛剛被妳拒絕的就有我的頂頭上司。妳拒絕了他，卻跟我一起跳舞，他一定恨死我了。」佳茗也放低音量神祕地說：「這就是我想要的效果！」

果然最毒女人心啊！永康搖頭，不過這個女人，他永遠也無法拒絕，一如往常。

那個時候永康和佳茗都還是剛出校門的熱血青年，同時進到一家公司應聘實習，之後被同時錄取，又被分配到同一個部門工作。

他們家都不在台北，日積月累的相處，讓兩個年輕人的心慢慢靠近，他們走到一起。相戀的日子，至今回憶起來，都讓永康感到甜蜜。可是好景不常，沒多久，他們就因為辦公室戀情而被公司通報批評。性格火爆的佳茗奮起抗議，立刻就被公司除名了。永康為了工作猶豫了，在佳茗的冷言冷語中退出了這段感情。最後永康還是離開了那家公司，可是佳茗卻一去不復返了。

幾年來，永康也不是沒有與其他的女人談過戀愛，時間或短或長，可是都因為覺得少了點什麼而匆匆分手。同在業界，佳茗的消息也輾轉傳來。她升職了，有人說她是勾引自己的上司，以美貌和身體換取工作和金錢。甚至還有人說佳茗是公司老闆包養的小老婆，在公司上班不過是做做樣子。

可是永康不信，他知道佳茗的能力，也深知她會為了做好工作而廢寢忘食。他們相戀的時候，許多次為了趕工作進度，佳茗連約會都會放棄。而後來為了維護自己的感情，她又放棄了曾經熱愛的工作。這樣的一個女人，又怎麼會為了一點金錢出賣自己呢？

晚宴結束，佳茗微微有點醉了，永康上前，心疼地說：「妳看妳，何必喝那麼多？妳現在住哪裡？我送妳回去吧。」佳茗不高興地說：「我哪裡喝了很多？是你管得多了吧！」口裡說著，還是跟著永康上了車。

坐在副駕駛座，瞇瞇糊糊看見車前放了一個小裝飾品，佳茗瞇著眼看了一會兒，發現看不太清，伸手想要拿過來看看。誰知剛伸出手去，就惹來永康的大呼小叫：「別動，小心碰壞了！」佳茗哼了一聲，藉著酒意搶到手裡仔細看著，卻越看越覺得眼熟。

她搖搖頭，覺得自己應該認識這個東西，卻怎麼都想不起來。永康回頭幫她繫安全帶，順口說道：「小心點，上次被妳摔壞了，已經掉了尾巴，再摔一次，可就什麼都沒有了！」

摔斷了尾巴？佳茗覺得好熟悉，仔細一打量，就不禁笑起來。那是跟永康熱戀的時候，兩人常常手牽手逛夜市。有一次看見這個招財貓，很特別的樣子，趴在墊子上，眼睛瞇瞇的，尾巴卻豎得老高。佳茗很喜歡，覺得招財貓的樣子跟永康很像，想要買下來，誰知道老闆要價很高，佳茗覺得太貴，跟老闆繞著彎砍了半天價。買好了回來找永康，卻怎麼也找不到。原來在旁邊等的永康覺得站著太累，逕自走到人流較少的地方等佳茗。誰知道佳茗買好東西出來，老半天才找到他，發了一頓脾氣，招財貓也一不小心掉到地上，豎著的尾巴也摔斷了。永康為了安撫佳茗，答應再買隻一樣的給她，可是走了整個夜市，也沒有看見第二隻一樣的。佳茗非說最喜歡的就是招財貓的尾巴，於是兩人又返回尋找摔斷的尾巴，一直找到夜市收攤都沒有找到。

想著就好笑，佳茗說：「那可是我唯一一次逛夜市逛到夜市收攤啊，太難得的經歷了。」把曾經最喜歡的招財貓放在掌心輕輕撫摸，時間太久，刷在表面的顏色差不多都脫落了，下面的小墊子也褪了色，禁不住感慨道：「這麼久了，你還沒有把它丟掉嗎？」

永康開著車，樣子很嚴肅，回答也特別認真：「這是我的寶貝，我怎麼捨得丟掉。」

佳茗半晌才幽幽道：「怎麼多年了，你還留著它幹什麼呢？你看它，顏色都變了，不再是以前的那個招財貓了。」

永康沒有回頭：「怎麼變了？它還是以前的那個招財貓啊。雖然顏色變了一點，可是它就是那個摔斷了尾巴，在夜市上找到收攤也沒有找到尾巴的招財貓。一直都是。」

她說：「你真的這樣覺得嗎？可是很多人都說我變了。」

永康笑了笑：「眼睛看到的不一定是真實的。我相信我的判斷，相信妳不會變。所以我一直保留著招財貓，因為我相信總有一天妳會回到我身邊的。」

佳茗沉默。

直到車在樓下靠近，永康叫住準備下車的佳茗：「佳茗，給我一個機會，給妳自己一個機會，給我們錯過的感情一個機會，可以嗎？」

佳茗回過頭來，微微笑道：「我的車停在你們公司停車場了，明天你可以載我去取車嗎？」永康狂喜：「這麼說，是表示妳答應了嗎？」

「那不然怎麼辦？我也要給自己一個機會，給我的招財貓一個機會啊！」

看著微笑的佳茗，永康覺得自己空缺了多年的心終於找到了那個缺口，親吻了一下帶來幸福的招財貓，再把晚安吻印上了佳茗的額頭。

一同走過的美好歲月，總有那麼一兩件承載了美好回憶的小物品。見到它，是否會勾起情侶們共同擁有的美好回憶呢？想讓對方展示你的真情和真誠，展示由你保存的完好的小物品，並由此勾起對方的回憶，表達願意與對方重譜愛曲的想法，讓一個小小的物品，寄託你的美好願望和迫切的願望。

讓我再愛你一次

求愛箴言
重新追求一個人，就是解決曾經的問題。

再遇清荷的剎那，李默真的沒有認出她來。開朗的笑，明亮的雙眸，高傲的姿態，略帶譏諷而又不失禮儀的話語，這一切，都與那個曾經被他擁在懷裡的女孩判若兩人。

那時的清荷，真的就是一朵清純嬌嫩的白荷，未語先羞，嬌柔的姿態激起男人最原始的保護慾，恨不能將她護在羽翼之下，鎖在深閨之中。

可是後來，漸漸失去耐心，一個隨時需要呵護的女子，是無法在現在競爭激烈的社會中立足的，當拼搏了一天的李默回到生活，面對的是一個需要耐心細心溫柔呵護的女子，他煩悶，然後是放手。午夜夢迴時也曾經懊惱，可是過去的就是過去了，無法尋回。

不知道清荷這幾年是怎麼過來的，怎麼會變成了現在這個樣子，但是不可否認的，猶如最初相遇時一樣，不管走到哪裡都吸引著人們的目光。

李默也被深深吸引著，想要靠近的想法，比曾經更甚。不知道是因為懊惱失去而想要靠近，還是被現在的清荷吸引想要靠近，如同吸食了毒品上癮一樣，清荷，或許就是李默生命中的毒。

「清荷，妳最近好嗎？」

「很好，謝謝李經理的關心。」

李默一時語塞，不知道接下來該說什麼，清荷的表情明明白白寫著「生人勿近，想死過來」。李默有點心痛，難道自己也被劃入了生人的行列？自嘲地笑了一下，那樣隨便地放棄了一段感情，放棄了曾經對自己一往情深的清荷，現在，還有什麼好抱怨的呢？

「清荷，我很想妳。知道妳現在過得好，我就放心了。」李默真誠地說。

清荷冷笑了一下，「我很好，不勞李經理掛心，您的心思，還是多多放在事業上吧。」

不理會清荷的冷漠，李默繼續說道：「以前的事我有很多不對，我很後悔，一直想要跟妳說聲對不起，卻一直找不到妳去了哪裡。」

清荷並不答話，只是看著李默冷笑，彷彿覺得李默是在做一場表演，擺出一副看戲的樣子。

李默嘆了口氣：「清荷，其實我一直想找到妳，並不是想僅僅跟妳說聲對不起。我還想著妳，妳是我最心愛的人，我想妳回來我的身邊。」

清荷搖搖頭：「不可能的！你也不是以前的你了，我也不再是那個單純的以為愛上一個人就是擁有一片天的清荷了。所以，請你不用再說了。」說罷轉身要走。

李默攔住她：「我知道我們都不能回到過去，請妳給我一個機會，重新追求妳好不好？如果可以，我們就能重新在一起；如果妳覺得我不行，我也一定不會死纏妳的。」

清荷看著他執著的樣子，嘆道：「這又何必呢？算了，我接受。」說完便逃也似的離開了。

看著她倉皇離開的背影，李默暗暗為自己鼓勁：「我一定可以的，她離開的樣子，心裡肯定還有我，我一定會讓妳重新回到我身邊的。」

然後清荷又陷入了李默的追求中。平凡的諸如送花、愛心午餐、約看電影、逛街等等，李默甚至還在清荷公司對面買下了一塊看板，每天昭告著對清荷愛的宣言；某次，他在清荷公司樓下放飛了無數個心型氫氣球，每一個都寫滿了對清荷的愛語。

人非草木，孰能無情。儘管一直提醒著自己要心硬一點，清荷的心還是在一點一點為李默復甦。偶爾會發呆，想起李默，會勾起莫名其妙的笑。李默也察覺到，清荷其實一點也沒有變。或者說，骨子裡一點也沒有變，還是那朵羞澀溫柔的小白荷，在晨曦中微微綻放著清香。當重新牽住清荷的手時，李默覺得多年心中的沉悶之氣一掃而空，緊緊握住清荷的手，十指交纏中，李默決定再也不要放手。

當時光流逝時，我們每個人都在發生著變化。就像歌曲裡唱的，「今早的容顏老於昨晚」。那麼當和過往的他（她）重逢，請不要執著於過去，你應該看清他現在是什麼樣的？他的心變了嗎？如果用往日的記憶，共同擁有的小物品等等都無法喚起對方的回應，那麼，不要氣餒。要知道，過去對他固然美好而重要，但是人心在變化著，過去能夠打動他的，現在不一定可以。這個時候，請調整策略，重新出擊。再追求他一次，尤其是追求女生的時候，多用點小手段讓對方向你靠近，穩固過往美好記憶的同時，別忘了帶給他新的回憶。尤其是被追求的感覺，不管男女都會非常享受。重新開始，說簡單也簡單，如果你們感情基礎特別好的話，基本上就不需要玩太多的花樣，只要讓對方明明白白感受你的真心和真誠，就可以了。

搖曳的桔梗花

求愛箴言
破鏡重圓才是王道。

「妳喜歡什麼花？」

「桔梗花。」

「那是什麼樣子的啊？好像沒有聽過呢！」

「呵呵，路邊很多的，是一種小野花。分成五片的花瓣像綢緞一樣細膩，中間緊緊包裹著小巧閃亮的花蕊，傍晚看過去，總以為裡面待著一隻螢火蟲，讓整朵花看來都在發光的樣子。」

「聽起來好像很漂亮的樣子，不過我還真的沒有見過。」

「嗯，那是你沒有注意，以後我們一起出門看見了，我指給你看，很普通，但是很好看的哦。」

這個願望還沒有實現，語燕和劉雲便分手了。大學畢業，勞燕分飛的情侶不只他們這一對，可是刻骨銘心的初戀卻讓劉雲忿忿不忘，之後遇到的每一個女孩都被他不自覺地拿來跟語燕比較，這個沒有語燕漂亮，這個沒有語燕有氣質，這個沒有語燕談吐好……反正，再美再溫柔的女生，也比不上他的初戀女友——語燕。

畢業五年，班長決定舉行一次規模壯大的大學同學會，因為不少同學都從國外留學歸來，真的需要找個時間好好聚一下。

語燕剛下飛機就被一通電話叫到了會場。多年不見的老同學聚會，自有一番熱鬧的場面。看著人人都上去跟語燕打招呼，死黨戳戳劉雲：「你的前女友來了，不去打個招呼嗎？」

前女友？聽著死黨給語燕的定位，劉雲笑著搖了搖頭。從大學畢業各奔東西開始，劉雲跟語燕就分了手，到現在哪裡還有女友兩個字呢？

倒是語燕大方地走過來，說：「劉雲，好久不見，過得好嗎？」劉雲尷尬地笑笑：「還行吧。妳怎麼樣？」「一般。美國的生活我還是適應不了，這次回國就不走了。」

「真的？！」劉雲精神一振，看著笑吟吟的語燕不確定地問道：「準備留下來嗎？」

語燕點點頭：「騙你什麼？！真是打算不走了。聽說國內最近幾年變化挺大的，趁還沒找好工作，有時間帶我逛一逛。可以嗎？」

「沒問題！隨時電話聯繫我就是！」劉雲爽快地答應了。

接下來的日子裡劉雲殷勤周到，帶著語燕遊玩，還熱心地幫她找房子，尋覓合適的工作，語燕笑：「你不要對我太好哦，不然我以為你又在追求我來著！」「那我追妳，行不行？」劉雲也笑著回答。

語燕愣了一下：「別逗了，那你女朋友怎麼辦？」

劉雲認真地說：「我沒有開玩笑啊，我說真的。我也一直沒有女朋友。在我心裡，這個位置一直為妳保留著。」

語燕真的慌了，雖然她也還愛著劉雲，可是沒有想到劉雲這麼快就大膽地表白。自己工作也還沒有著落，未來還很迷茫，連自己也不知道該走向哪裡。即使知道劉雲的真心和誠意，卻猶豫著不知道是否應該答應。

劉雲也沒說什麼，畢竟不能太急進了。能在短短時間內和語燕單獨相處，劉雲已經覺得很滿足了。過了幾天，劉雲舊話重提，語燕低頭不語。劉雲說：「這樣吧，我請妳參觀一個地方，然後妳再回答我，好嗎？」語燕點點頭，上了劉雲的車。

車子逕自開到了劉雲家樓下，語燕笑：「你不會就是想騙我到你家吧。那也用不著這樣說啊，你請我做客我也一樣會來的啊。」

劉雲泊好車，只是笑笑：「上去看就知道了。」說完前面帶路就上去了。

走進小小的房間，並沒有什麼不同，空氣中浮動著一股莫名的香味兒。語燕笑話他：「不錯啊，屋子收拾得挺乾淨的，比你以前的狗窩強多了。不過，到底請我來參觀什麼呢？」

劉雲打開通向陽台的門，做了一個請的姿勢。

陽台上，是一片花的海洋。花兒只有一種，分成五片的花瓣像綢緞一樣細膩，中間緊緊包裹著小巧閃亮的花蕊，白色的，紫色的，翠藍的花朵迎風搖曳，淡淡的香味飄散著，散發著溫暖的氣息。

語燕呆呆地看著，不知道該說什麼好。劉雲走上前去，從背後擁住了她，在她耳邊低聲說：「喜歡嗎？從妳離開後，我每次出門只要碰到漂亮整齊的，就會買下來。這幾株是在路邊撿的，長得倒挺好的，也就帶了回來。」他點了點它們的花朵，花兒搖擺，彷彿是感受有人撫摸，在微風中點著頭。

感覺到語燕默不作聲，劉雲繼續說著：「這個就是請妳參觀的禮物，這一大片的花，全部是送給妳的。」

轉過頭的語燕已經淚流滿面：「你知道桔梗花的花語是什麼嗎？」

劉雲一邊幫她擦著眼淚，一邊搖著頭：「不知道，我知道妳喜歡桔梗花，所以我就一直為妳種著桔梗花，花語什麼的，誰知道啊！」

「傻瓜，我們還是在一起吧。因為桔梗的花語就是——永恆不變的愛。」

即使分離了，但劉雲仍在原處守候，他帶著語燕最喜歡的桔梗花，癡癡守候在原地。這份守候，這份堅持，已經夠讓人感動了。為你的他（她）做一件有意義的事，即使在她離開的日子裡繼續做著，當她回眸時，你帶著永恆不變的愛守候在原地，一如從未離開。為對方堅持做一件有意義的事，一直做下去，讓對方看到你的誠意，這樣，你們重新開始的愛情之路一定會更加平坦。

找到自己等待你

求愛箴言

如果你在愛我的路上迷失，請千萬記得回家的路。

一個噴嚏打過，眼角不自覺的就流出了淚，都怪這個該死的季節！若藍一個人坐在咖啡廳靠窗的位置，看著人來人往，心裡卻是淡淡的惆悵。

他怎麼可以！不自覺地攥緊了手中的紙巾，她怎麼都不能相信季凡能做出那樣的決定，他怎麼可以那樣對她，她那麼驕傲，她從來都沒有被任何男人拋棄過，可是季凡卻告訴她：「對不起，若藍，我愛上別人了！我知道跟妳比起來，她或許沒有那麼好。可是愛上了就是愛上了，若蘭我也沒有辦法……」換個角度來想，季凡倒真的是個老實人，他不會騙她。於是他跟她分手，搭上那個毫不起眼的接線小妹。

現在她就成了眾人眼中的笑話，他怎麼可以，她是那麼的愛他，他怎麼可以不顧她的驕傲和自尊……

林若藍妳怎麼會把自己搞到這步田地？她忍住不讓淚水掉下來，努力做出一個一切都很ＯＫ的微笑，她要等的人，已經到了。

「若藍，」每個女人都有那麼幾個知心好友，或許你們平時並沒有聯繫，但是某些時候你就知道，她們就是在身邊，在你需要的時候，就會出現，「妳沒事吧？」靜柔有些關心的問。

「妳看我像有事的樣子嗎？」大美人又戴上了一切安好的面具，「我有什麼好值得操心的！他走了倒好，本來我也正有此意。」

「妳呀！」靜柔看著面前的這個人，無奈了起來，她知道她受傷，知道她的驕傲，知道她的不開心，可是她卻不能點破她，只能默默的陪在她身邊，看她熬過這一切的一切，「那接下來打算怎麼辦？」靜柔突然問到的這個問題生生的把若藍嚇了一跳，接下來怎麼辦呢？她早已經習慣了一切圍著季凡打轉的生活，如今孑然一身，應該何去何從呢？想想她能做什麼呢？因為家世不錯的關係，畢業之後她除了曾在慈善機構做過義工，就從未有過一份正式的工作，沒有了季凡，生活的重心到底應該在哪裡呢？

「不如妳來我們劇團幫忙？」靜柔體貼的提出她的建議，「找點事情做就好了嘛，讓自己忙一點，充實一點！」

劇團？若藍挑高了眉，有點不清楚到底應該做些什麼，她那僅有的工作經驗能讓她做好這份工作嗎？下意識的她就想拒絕，不停的對著靜柔擺手，希望她能放過她。

「那就這麼定了。」靜柔點好了自己的咖啡，合上了菜單，做出了決定，「來吧來吧，妳不是很懂藝術嘛，過來幫我們佈置佈置舞台就好啊，相信妳大小姐的眼光一定會給我們幫上很大的忙呢！」

「可是我……」若藍還想要拒絕，靜柔卻不再給她機會，做出了一個住嘴的手勢，直接封殺了她想說的話。也罷也罷，若藍在心裡放棄了抵抗。找點事總是好的，要不然，某個人的身影就會一直不停的晃來晃去。

靜柔的劇團是兒童劇團，聖誕將至，大家正在齊心協力幫助小朋友排練一些適合在聖誕上演的新劇碼，若藍在這裡也找到了一絲絲喘息的機會，雖然從來沒有過工作經驗，但還是在這裡找到了一些自己的專長之所在。她親手參與設計的聖誕舞台，親手參與設計的演出服，原來她也不是一無是處呢！她的角色不再僅僅只是生活在季凡身邊的一個花瓶，可是心底的那個影子還是在，雖然她百般不願意承認，但是當她被舞台震撼、被服飾震撼之後，她還是會不停的浮現出他的影子，不知道他過得好不好。

她有聽靜柔說，不到兩個月接線小姐便離開了他，據說是因為他們不是一國的，接線小姐終於也不能忍受這樣的差異。那時候她本來以為他會給她一個電話，她也有曾想過要不要打一通電話確認他是不是真的失戀，更想過要是他真的失戀傷心的話，要不要去安慰他，可是她拿起了電話一次又一次卻依然還是什麼都沒做……

今天聖誕劇就要上演了，小朋友們早早的換好了衣服候場演出，若藍也格外忙碌的在台下看著燈光道具的擺放設置。「這個不對不對，你怎麼能放在那裡？」她拉下了嬌小姐的面孔，儼然就是一個正宗的職場女性，對於這場演出若藍自己也十分期待，畢竟是第一次對季凡之外的事情付出這麼大的心力，有好結果才是若藍最希望發生的事。在一片雷鳴般的掌聲中，演出順利的閉幕了，若藍一個人待在小小的角落裡，看著小小的演員在台上謝幕，她只覺得自己的眼眶也是潤潤的，不期然的卻有一絲突如其來的黑影遮住了她這個小小角落裡唯一的光亮，她一抬頭便看見了他。

他怎麼可以，他怎麼可以還是笑得那麼燦爛！他怎麼可以就這樣突然的出現在她的面前，他怎麼可以都不乞求她回頭就這樣放著她走掉……

太多的不解，讓若藍忍不住的捶打起他的胸口，「若藍。」他只消這麼輕輕的喚著她的名字，握住她的手，她便無能為力，Merry Christmas的歌在這個時候適時的響起，季凡突然把她擁在懷裡，這幾個月，看著她不斷成長，他突然清楚了自己心裡的愛，他愛的從來都不是別人，只是這個有些驕傲、有些嬌縱，有些任性的林若藍。

有多久沒見妳，以為妳在那裡，原來妳……一直，都在我的心裡。

事後若藍才從靜柔那裡知道演出的當晚為什麼季凡會出現，其實他關注她很久，也一直從靜柔那裡知道她的消息，他只是怕她不肯原諒他，在耶誕節這個美好的契機，他讓她知道他的關注，重新認識到彼此的愛，也重新認識了彼此的人生。

每個人的愛情都不是一帆風順的，當你還愛著那個人的時候，那個人是否也是一如往常的愛著你呢？我們迷茫，我們疑惑，但更重要的是，我們要贏得你的愛，讓你知道我愛你，然後回來我身邊。這中間必然有過漫長的等待，正如我們在這一章中所強調的，等待並不只是站在原地。

在現在社會，當男友或者老公成為你生活的全部，當你生活開始變得有些無謂的時候何不試著去重新找到自己的工作和興趣，開發你自己的新天地，相信你在找回自己的同時，也會找到那份愛！

Tips：當愛遭遇瓶頸時的示愛準則

1、心態平穩最重要。保持一個平穩的心態，千萬不要因為遭遇到瓶頸而影響到自己的心情。

2、給他一點空間，多去尋找自己的天地。

實現往日諾言

求愛箴言

誓言是用來被背叛的，諾言是用來被實現的。

他站在電視轉播間的門口，發現自己的手心裡全是汗了，他有些自嘲，又不是沒有見過大場面，為什麼還是會緊張成這樣！

「袁律師，該你上場了！」現場的導播比著手勢輕聲告訴他，是他出現的時候，於是他邁穩了步子，走向有些熟悉又陌生的舞台。

主持人說，今天我們的嘉賓是嘉禾律師事物所的袁律師……

沒有聽見後面的那些關於他的介紹，他只覺得恍惚。為什麼突然會跑來做這個節目呢？他向來不喜歡站在閃光處，何況他又不是電視人士，只不過是一個有著些許少年得志的小律師。

只有他自己知道為什麼，佔據心底的那一抹小小的身影，彷彿昨日從未走遠。

那一年的聖誕，他們約好了要彼此一起度過，走到微風廣場的門口卻因為人多彼此走散，他找啊找啊找卻怎麼都找不到，當他終於找到她的時候，她戴著耳罩，鼻子被吹的紅紅的，就那麼一個小小的人屹立在微風廣場的最高處，讓他找不到都難。他擔心她冷，只覺得那手套不管有多暖也不會讓她真正覺得溫暖，當他執起她的手希望給她更多的溫暖時，她悄悄的對他說，要是以後我們彼此走散的話，記得站在人群中的最高處，這樣才能更好的讓你找到我啊，你也要學我這樣站在人群的最高處呢！

如今他終於做到了，他還記得那歷歷在目的昨日景象，於是他答應電視臺的邀約來做這節目的嘉賓，只因為他堅信，如果他能站在人群中最醒目的位置，那麼，就算他們走散，她也一定能看見。

「袁律師，今天是我們的新年特別節目，你有沒有什麼特別的新年祝福呢？」女主持人在旁邊問道，這是今年的最後一期節目，女主持人也給了他一個機會，讓他許下這一年的最後一個願望。

他想著心裡想的那個故事，不由自主的就說了出來，「所以我現在站在這裡等妳，希望妳真的能夠看見。」

他只覺得自己有些虛脫，或許他把這個許久前的約定當成了自己最後的救命稻草，假若他不敢去想，假若他再也找不到的話。

「謝謝袁律師在這一年中的溫暖相伴。」女主持人似乎也看出來他的閃神，露出公式化的笑話結束了錄影，「我們也祝願袁律師的這個美好願望能夠早日實現，明年再會。」

他快斷了自己的念想，節目錄製完，他就接到了無數關切的電話，卻沒有一個是那個熟悉的聲音。

「原來你還在等她啊，袁，我跟你說，你可別這麼下去，這麼等也不是個辦法啊！」他懶得聽這些碎碎念，等待也只是他一個人的事情，他這個一直等的人都沒有意見，這些旁邊的人又來湊什麼熱鬧？於是他果斷的關機，樂的清靜。

他不知道她是否真的有看到，他只是固執的想，既然他們約定過要站在人群中最閃亮的位置讓對方找到，他遵守約定做到了，她就一定能夠找到他。

下樓買了一打啤酒，他一個人獨居在偌大的台北，在新年的這種時候就越顯得顧忌起來，買罐啤酒抱著在家看新年節目或許會沖散這樣悲傷的氣氛，不期然的，就看見了門口蜷縮的那個身影，只消那一眼他便知道是她。

她抱著頭靠在牆邊，一如她從來沒有離開過一樣，一如既往的瘦小跟安靜。

「喂，」他走過去叫醒她，「佳若，妳怎麼還是走到哪都能睡著呢！吳佳若，妳該醒了！」

她迷糊地睜開眼，看見那張熟悉的臉，便覺得心安。

如果你們曾經有個約定，他還記得，堅持做到，又有什麼不可以原諒？就算是曾經因為誤會而分開，當他在新年裡在人群中最閃亮的地方許下他的心意時，她又有什麼理由不回頭？

吳佳若和袁向何，其實從未走遠。

現實生活往往不能像故事那麼的美滿，但是文學也是來自於生活，總有那麼點滴能夠讓我們得到啟發。也許在因為異地，父母、工作或者其他的一些原因，會有那麼一段時間，不得已的離開自己喜歡的人，但是心底那濃濃的愛卻無論如何都割捨不下來，只要他（她）一回頭就能發現你的心一直在那裡從未更改。記得那些戀人時期許下的承諾，然後去實現它，是一個不錯的選擇，即使你在等待，但是也並不是什麼都沒做，等到她（他）領悟到你的真心真意，相信你的愛能最終把他（她）找回來。

國家圖書館出版品預行編目資料

愛，不是學到就是得到／張雨呈著.
——第一版——臺北市：知青頻道出版；
紅螞蟻圖書發行，2013.1
面　公分——(Focus；17)
ISBN 978-986-6030-53-6（平裝）

1.兩性關係 2.戀愛

544.7　101024780

Focus 17
愛，不是學到就是得到
作　　者／張雨呈
美術構成／Chris' office
校　　對／周英嬌、楊安妮
發 行 人／賴秀珍
總 編 輯／何南輝
出　　版／知青頻道出版有限公司
發　　行／紅螞蟻圖書有限公司
地　　址／台北市內湖區舊宗路二段121巷19號（紅螞蟻資訊大樓）
網　　站／www.e-redant.com
郵撥帳號／1604621-1　紅螞蟻圖書有限公司
電　　話／(02)2795-3656（代表號）
傳　　真／(02)2795-4100
登 記 證／局版北市業字第796號
法律顧問／許晏賓律師
印 刷 廠／卡樂彩色製版印刷有限公司
出版日期／2013年 1月　第一版第一刷

定價 260 元　港幣 87 元

ISBN 978-986-6030-53-6　Printed in Taiwan